Jörg Zink

Wie wir beten können

Jörg Zink

Wie wir beten können

KREUZ

Jörg Zink, 1922–2016, war einer der bekanntesten evangelischen Theologen der Gegenwart. Sein umfangreiches Werk spannt einen weiten thematischen Bogen – von Fragen der Bibel und des Glaubens über die Nöte des Alltags bis zu den drängenden Problemen unserer Zeit.

FSC
www.fsc.org
MIX
Papier aus verantwortungsvollen Quellen
FSC® C014496

Durchgesehene Neuausgabe des 1970 erstmals erschienenen Titels

Lizenzausgabe mit freundlicher Genehmigung
der Verlag Herder GmbH.

www.kreuz-verlag.de

Umschlag: Thomas Puschmann – fruehbeetgrafik.de, Leipzig
Umschlagfoto: Schmid-Paetzold © Zink

Satz: de·te·pe, Aalen
Herstellung: GGP Media GmbH, Pößneck

ISBN 978-3-946905-28-8

Inhalt

Zu diesem Buch

Als dieses Buch im Jahr 1970 erstmals erschien, sah sich sein Autor einer widersprüchlichen Situation gegenüber: Während manche ein Ende der Kirchen und den Beginn »religionsloser« Zeiten vorhersahen, begegnete ihm selbst viel eher eine »leidenschaftliche Suche nach praktischer Frömmigkeit und einsame Bemühung um das Gebet«. Hier wollte sein Buch Vorschläge machen und praktische Anleitung geben.

Fünf Jahrzehnte später ist zwar statt Religionslosigkeit in den Gesellschaften eher ein wachsender Einfluss von Religionen festzustellen, werden zunehmend religiöse Werte ins Feld geführt, um praktische oder politische Fragen zu bewerten. Aber zugleich ist auch heute vom Glauben der Einzelnen kaum die Rede. Welchen Raum die persönliche Begegnung mit Gott in einem einzelnen Leben einnimmt, ist so sehr Privatangelegenheit geworden, dass nicht wenige ratlos und sprachlos bleiben. Erfahrungen mit Gott werden weithin im Verborgenen gemacht oder eben nicht – und so hat sich an der »Sehnsucht nach Glauben«, der sich das Buch zuwendet, nicht viel verändert:

> »... Vielleicht erfordert das Bemühen um den eigenen Glauben mehr Kraft als früher, vielleicht endet es rascher in Resignation. Aber nicht, weil es schwieriger wäre zu glauben, sondern weil es unüblich geworden ist, über den Glauben zu reden. Das Schwierige an Glauben und Frömmigkeit besteht heute darin, dass jeder Einzelne seine Sache mit Gott für sich allein abmacht und diesen persönlichsten Bezirk abschirmt gegen Einblicke von außen. Neu ist nicht, dass der Glaube gefährdet ist, er war früher ebenso wenig gesichert. Neu ist, dass der Einzelne in seinem Bemühen vereinsamt und sich – da die anderen ebenso scheu mit ihren Versuchen und Erfahrungen umgehen – der Eindruck einer schwindenden Bedeutung des Religiösen ergibt.
>
> Soll von Glauben die Rede sein, müssen wir den Glauben wagen – nicht weniger. Wollen wir uns selbst gewinnen, müssen wir unser ganzes Vertrauen einsetzen. Wollen wir

einander in unserer einsamen Mühe um Glauben und Gebet eine Hilfe sein, müssen wir von beidem deutlich sprechen. Wir werden freilich in unseren eigenen Worten reden müssen. Für uns genügt es nicht mehr, die überlieferten Worte einer Kirche zu wiederholen.

So ungewohnt uns das Wort erscheinen mag: Es geht um persönliche »Frömmigkeit« – darum, das praktische, tägliche Leben von einem eigenen Glauben leiten zu lassen und daraus Freiheit zu empfangen. Frömmigkeit in diesem Sinn ist umfassend, sie unterscheidet nicht zwischen weltlich und geistlich. Sie betrifft ebenso, was im eigenen Gewissen geschieht, wie das, was um uns herum oder fern in der Welt sich ereignet. Christlicher Glaube spart keinen Lebensbereich aus und unsere Gebete sind, wenn sie Sinn haben sollen, ein Ausdruck dieses unteilbaren Glaubens.

Es ist nicht neu, dass man beim Versuch zu beten die Worte nicht findet: »Wir wissen nicht«, schreibt Paulus, »wie wir so beten können, dass es vor Gott recht ist. Aber der Geist Gottes tritt für uns ein und bringt in wortlosem Seufzen vor Gott, was wir sagen wollen. Und Gott, der die Herzen kennt, versteht, was der Geist, der Anwalt der Betenden, an ihrer Stelle vorbringt.« (Römer 8,26 f.)

Neu ist vielleicht, dass wir heutigen Menschen einige Übung nötig haben, um überhaupt die Anfänge des Betens zu erlernen. Bevor wir an hintergründige Glaubensprobleme geraten, werden uns beim Versuch zu beten ganz vordergründige Schwierigkeiten begegnen. Wir werden merken, wie viel Mühe es kostet, auch nur für drei Minuten bei einem Gedanken zu bleiben, ohne an andere Dinge zu denken – also ganz einfach: sich zu sammeln, ein Wort zu hören, sich einzuprägen und nachzusprechen.

Wir werden dann auch bemerken, dass das Gebet längst nicht nur im Reden besteht, sondern mehr noch ein Hören sein kann. Beten kann heißen, einfach nur vor Gott »da« zu sein oder vor Gott in aller Sachlichkeit einer Arbeit nachzugehen. Und was es heißt, nicht nur mit dem Mund zu beten, sondern mit dem ganzen Menschen, etwa auch mit den Füßen, das können wir im Gehen des ersten, wichtigsten Gebetswegs der Christen, des Kreuzwegs Christi, selbst versuchen.

Jede Doppelseite dieses Buchs hat ihr eigenes Thema. Wer also ein Wort zu einem bestimmten Anlass sucht, kann blättern und da oder dort zu lesen beginnen. Zugleich setzt jeder Abschnitt den Gedanken des vorigen fort und das Buch bietet einen Weg an, den einmal im Ganzen mitzugehen mir sinnvoll erscheint: Einen Schritt vor den anderen zu setzen wird nicht zu viel sein, wenn man versteht, dass im Gebet alles zu wagen ist, um alles zu gewinnen.«

Das Buch hat seit seinem Erscheinen gut eine Million Leserinnen und Leser gefunden und wurde in zehn Sprachen übersetzt. Sein Autor hat es mehrmals bearbeitet, damit aktuelle Bezüge und die begleitenden Texte anderer Autoren der sich verändernden Wirklichkeit besser entsprachen. Sein Aufbau blieb dabei fast unverändert: Der gedankliche Weg, den es geht, und die Herausforderung beim Lesen, sich auf ihn einzulassen und ihn mitzudenken, sind die gleichen geblieben.

Christoph Zink

Ewiger,
heiliger,
geheimnisreicher Gott.

Ich komme zu dir.
Ich möchte dich hören,
dir antworten.

Vertrauen möchte ich dir
und dich lieben,
dich und alle deine Geschöpfe.

Dir in die Hände
lege ich Sorge,
Zweifel und Angst.

Ich bringe keinen Glauben
und habe keinen Frieden.
Nimm mich auf!

Sei bei mir,
damit ich bei dir bin,
Tag um Tag.

Führe mich,
damit ich dich finde
und deine Barmherzigkeit.

Dir will ich gehören,
dir will ich danken,
dich will ich rühmen,

dich, mein Gott.

Sich einfinden

Gott,
mein Wort ist nicht genug.
Ich will schweigen, damit ich lerne,
dein und mein Wort zu unterscheiden.
Denn ich möchte dein
und nicht mein eigener Mund sein.
Gib du mir mein Wort.

Sammlung

In vielen Jahren verbrachte ich einige Wochen im Sommer in einem Häuschen mit Blick auf das Meer. Das Wetter ist dort sehr gleichmäßig. In der Morgenfrühe weht fast jeden Tag ein kaum spürbarer Wind vom Land aufs Meer hinaus und das Wasser liegt glatt und still. Dann hinausfahren. Eine Stunde lang Abstand nehmen, sechs oder sieben Kilometer weit, und das Paddel ins Boot legen.

In solchen Morgenstunden ist nichts zu hören als das leise Glucksen kleiner Wellen an der Bootshaut. Einmal ein Vogel. Einmal ein springender Fisch. Irgendwo in der Ferne das Getucker eines Fischerboots. Sonst nichts. Es ist nichts zu sehen als ein blassblauer Himmel mit wenigen grau-weißen Streifenwolken, ein dunkles, gewelltes Band, die Küste, und das Wasser.

In diese Stille hineinhorchen, nur eine halbe Stunde lang, kann mehr bedeuten und mehr bewirken als eine Woche der Erholung. Nichts tun als den Raum empfinden, mit den Vögeln ziehen, den Fischen nachsehen und ein Wesen sein wie sie.

Später, wenn der Beruf und die Eile wiederkehren, kann man sich daran erinnern. Man schließt – mitten in der Arbeit – die Augen und hört das leise Gurgeln an der Bootshaut. Und man weiß wieder: Man kann nur schweigen, solange man hört. Wo das Hören endet, beginnt der Lärm von außen oder von innen. Eins mit den Menschen und mit der Welt ist nur, wer hört.

»Als alle Dinge
in der Mitte des Schweigens standen«,
sagt die Bibel,
»da kam vom göttlichen Thron
dein allmächtiges Wort.«

Ich möchte schweigen
und darüber staunen,
dass du ein Wort für mich hast.

Gott, ich bin nicht wert,
dass du zu mir kommst,
aber sprich nur ein Wort,
so wird meine Seele gesund.

Hören

Es wird fast ohne Unterbrechung geredet. Vielleicht erscheint es unzeitgemäß zu versuchen, einen Tag lang oder zu bestimmten Stunden nicht zu sprechen. Wer aber Wert darauf legt, dass sein Wort Sinn hat, wird auch Zeiten des Schweigens einzuhalten suchen. Schweigen wird, wer erreichen will, dass sein Wort trifft, dass es wirkt, dass es klärt. Schweigen heißt nicht notwendig stumm sein, aber es heißt, auf Gerede verzichten und nur das aussprechen, was man zuvor deutlich »gehört« hat.

Begeben wir uns in die Einsamkeit, treffen wir dort zunächst nicht auf Stille, sondern auf Lärm: den Lärm in uns selbst. Wenn wir nun versuchen, die vielen Stimmen der Erinnerung, der Angst oder Abwehr zur Ruhe zu bringen, kann es sein, dass in unseren Gedanken ein Aufruhr losbricht, dessen wir nicht mehr Herr werden. Im alten China gab es dafür ein treffendes Bild: Die Gedanken sind Affen, die im Baum der Gedanken hin und her springen. Also fasse man einen nach dem anderen und setze ihn auf die Erde, bis der Baum frei ist. Mir scheint fraglich, ob uns Heutigen das noch gelingt, ob nicht die Affen den Baum alsbald wieder erklettern und der Aufruhr größer ist als zuvor.

Wahrscheinlich können wir die gedankliche Ruhe, die die abendländischen Meister der Meditation das »Leerwerden« nennen, nicht mehr so einfach erreichen. Für uns fängt das Weglegen der Gedanken damit an, dass wir das Gefackel und Geflacker geduldig aushalten, die Gedankenlosigkeit in den vielen Gedanken, die Einfallslosigkeit in den vielen Einfällen, den Lärm der Hölle im Lärm der Gedanken. Und dass wir danach versuchen, ein Wort zu hören, das anderswo herkommt. Wir werden das fremde Wort aufnehmen, bis es über das Vielerlei unserer Gedanken Herr ist, sodass wir am Ende nicht »leer« sind, sondern erfüllt mit dem neuen, fremden Wort.

*

Das Schweigen ist für das Wort wie ein Netz,
das unter dem Seiltänzer ausgespannt ist.

Max Picard

Vieles, was ich rede, kommt aus meiner Eitelkeit.
Vieles sage ich,
weil ich meine Wichtigkeit überschätze.

Ich möchte aber,
dass mein Urteil barmherzig ist,
meine Entscheidung vorsichtig,
meine Antwort abgewogen.
Ich werde es nur erreichen,
wenn mein Wort aus dem Schweigen kommt.

Ich möchte mit meinem Wort
anderen Menschen gerecht werden.
Ich möchte, dass es sie nicht verletzt,
erniedrigt oder entmutigt.

Ich möchte mit meinem Wort heilen.
Ich möchte reinigen,
Frieden stiften und Kraft geben.
Das kann ich nur, wenn ich nicht alles ausspreche,
das zu sagen naheläge.

Was zu sagen sich lohnt,
liegt nicht nahe, sondern fern.
Ich möchte schweigen, weil ich Zeit brauche,
um zu warten,
bis mein Wort aus Gottes Ferne herkommt,
bis ich es höre und sprechen kann.

Anwesend sein vor Gott

Stille kann man nicht herbeiführen, man kann sie aber vorbereiten. Man lernt etwa einen Gebetsvers auswendig, spricht ihn zwei- oder dreimal und lässt ihn sozusagen »im Raum« stehen. Stille entsteht nicht dadurch, dass wir nichts sagen. Sie kann aber übrig bleiben, wenn etwas Mächtigeres als unser eigenes Wort im Raum war und der »Raum« sich noch nicht wieder mit Gedanken und Worten gefüllt hat.

Wir standen in einer alten Kirche und suchten den Abstieg in die Krypta. Gebückt stiegen wir die lange, verwinkelte Treppe hinab wie in einen Schacht. Kühle Luft drang uns aus der immer tieferen Dunkelheit entgegen. Und dann offenbarte sich ein zauberhafter, kreisrunder Raum. Ein doppelter Kranz mannshoher Säulen unter einem rohen Gewölbe stand wie ein Kreis schweigender Menschen um eine fast dunkle Mitte. Wir traten unwillkürlich neben sie und waren, ehe wir darüber nachdachten, ein Teil dieses Raums, der so unerhört schweigt und horcht und wartet. Denn Warten heißt nicht, etwas tun oder sagen. Es heißt sein. Die Verzauberung löste sich nach wenigen Augenblicken. Aber der Raum wartet weiter. Stellvertretend für eine beschäftigte Christenheit. »Ihr sollt«, sagt Jesus, »vollkommen sein, wie euer Vater im Himmel vollkommen ist.« Das heißt nicht, fehlerfrei sein wie er, sondern: So ganz und gar, wie er Gott ist, so vollständig, so ungeteilt sollt ihr vor ihm gegenwärtig sein, wartend und empfangend.

*

Ach, es gibt nur ein Problem, ein einziges in der Welt. Wie kann man den Menschen eine geistige Bedeutung, eine geistige Unruhe wiedergeben, etwas auf sie herniedertauen lassen, das einem gregorianischen Gesang gleicht! Sehen Sie, man kann nicht mehr leben von Eisschränken, von Politik, von Bilanzen und Kreuzworträtseln. Man kann es nicht mehr.

Antoine de Saint-Exupéry in »Brief an einen General«

In dir sein, Gott, das ist alles.

Das ist das Ganze, das Vollkommene, das Heilende.
Die leiblichen Augen schließen,
die Augen des Herzens öffnen
und eingehen in deine Gegenwart.

Ich hole mich aus aller Zerstreutheit zusammen
und vertraue mich dir an.
Ich lege mich in dich hinein
wie in eine große Hand.

Ich brauche nicht zu reden, damit du mich hörst.
Ich brauche nicht aufzuzählen, was mir fehlt,
oder dir zu sagen, was in dieser Welt geschieht
und wozu wir deine Hilfe brauchen.

In dir sein, Gott, das ist alles,
was ich mir erbitte.
Damit habe ich alles erbeten,
was ich brauche für Zeit und Ewigkeit.

Schweigen möchte ich, Gott,
und auf dich warten.

Schweigen möchte ich, damit ich verstehe
was in deiner Welt geschieht.

Schweigen möchte ich,
damit ich mir selbst nahe bin
und allen deinen Geschöpfen
und rundum deine Stimme höre.

Ich möchte schweigen,
damit ich unter den vielen Stimmen
die deine erkenne.

Ich will den Menschen nicht ausweichen
oder ihnen entfliehen.
Den Lärm und die Unrast will ich nicht hassen.
Ich möchte sie aufnehmen in mein Schweigen
und für dich bereit sein.

Stellvertretend möchte ich schweigen
für die Eiligen, die Zerstreuten, die Lärmenden.
Mit allen Sinnen und Gedanken warte ich,
bis du zu mir sprichst
und bis mein Wort dich findet.

Als mein Gebet immer andächtiger und innerlicher wurde,
da hatte ich immer weniger und weniger zu sagen.
Zuletzt wurde ich ganz still.

Ich wurde, was womöglich
noch ein größerer Gegensatz zum Reden ist,
ich wurde ein Hörer.

Ich meinte erst, Beten sei Reden.
Ich lernte aber, dass Beten nicht bloß Schweigen ist,
sondern Hören.

So ist es: Beten heißt nicht sich selbst reden hören,
beten heißt still werden und still sein und warten,
bis der Betende Gott hört.

Sören Kierkegaard

Wahrnehmung

Wenn uns jemand fragt, was denn »das Leben« sei, zeigen wir ihm ein Tier oder ein Kind und sagen: »Das ist das Leben!« Anders als an einem sichtbaren Beispiel lässt es sich nicht erklären. Denn nur über die Brücke sichtbarer Dinge und Bilder verstehen wir das Unsichtbare. Es gibt keinen anderen Weg. Dass aber dieser Weg offen bleibt, ist für uns heutige Menschen eine Lebensfrage.

Nur das sei »wirklich«, meinen wir, was wir mit dem Verstand ordnen, in Begriffe fassen und dem einfügen können, was wir schon kennen. Nicht allein die Geblendeten des technologischen Zeitalters denken so, sondern auch Christen. Aber der Verdacht lässt uns ja nicht los, dass wir allesamt etwas aussparen. Wir bezeichnen unsere Welt als berechenbar, obwohl wir im Grunde selbst nicht daran glauben. Wir behandeln sie, als wäre sie übersichtlich von einem Ende zum anderen, obwohl wir ihre Abgründigkeit ahnen. Wir verlassen uns darauf, dass wir mit unserem wissenschaftlichen Denken auf festem Boden stehen, während wir gleichzeitig durch die Tiefen der Verzweiflung und der Angst ins Bodenlose fallen. Wir sprechen von unserer Verantwortung für die Welt, obwohl wir ahnen, dass wir allenfalls ein Gekräusel an der Oberfläche beeinflussen können, während die Grundwelle von ganz anderen Kräften bewegt wird. Wir ordnen die Welt nach unserem Maß und verlieren das Augenmaß für die bescheidene Tatsache, dass wir Menschen sind.

Vor Gott »anwesend« zu sein, das fängt auch für uns Christen dieser Zeit immer wieder damit an, dass wir bereit sind, Geheimnisse unangetastet stehen zu lassen, damit sie beginnen können, sich uns zu öffnen.

*

Wehe,
die Welt ist voll gewaltiger Lichter und Geheimnisse
und der Mensch verstellt sie sich mit seiner kleinen Hand.

Baalschem

Wir sind gewöhnt, von dir zu reden,
heiliger Gott,
und deinen Namen in den Mund zu nehmen.
Wir machen uns Gedanken über dich,
als hätten wir dich in der Hand,
und leben dabei ohne dich
in unserer selbstgeschaffenen Welt.

Dich selbst möchte ich finden,
nicht die Machwerke meiner Gedanken,
dich, den ich nicht fasse,
nicht begreife, nicht kenne.

Du sagst, in Jesus Christus
könnten wir dir begegnen.
Aber auch ihn schaffen wir ständig nach unserem Bild
und nach unseren Gedanken.
Auch er muss uns fremd werden,
damit wir ihn verstehen
und dich in ihm finden,
den unbekannten, den fremden Gott.

Ich höre ihn sagen: »Selig sind die Armen.« Und:
»Wer sein Leben verliert, wird es gewinnen.«
Das ist fremd.
Ich weiß, dass ich sein Wort erst erfassen werde,
wenn ich mein ganzes Herz daran wage.

Ich stehe an der Grenze meiner kleinen Welt.
Meine Gedanken schließen mich ein
wie eine Mauer.
Ich möchte ins Freie treten.

Jesus sagt: Folge mir nach.
Diesen Schritt möchte ich tun;
führe mich, damit ich dich finde.

Himmel und Erde

Und Jesus ließ sich von Johannes im Jordan taufen. Als er aus dem Wasser stieg, sah er, wie der Himmel aufriss und der Geist auf ihn herabfuhr, wie eine Taube sich herabsenkt. Und er hörte eine Stimme: Du bist mein Sohn, mein geliebter, den ich erwählt habe.«

Markus 1

Jesus steigt in das Wasser des Jordan und mit diesem Abstieg in das Element des Todes übernimmt er die Schuld, die Angst und das Sterben der Menschen. Während er das tut, öffnet sich der Himmel. Was ist das – Himmel?

In früheren Epochen hieß es: Hier unten ist der Mensch. Dort oben ist Gott. Oben, wo Gott ist, ist der Himmel. Heute sagen viele: Hier, im Vordergrund, in der Gegenwart, lebt der Mensch. In der Zukunft, in die er hineinschreitet, kommt ihm Gott entgegen. Der Himmel – das ist die Zukunft.

An den Deutungsversuchen liegt nicht viel, aber viel an der Fähigkeit, ins Offene zu schauen. Denn wer überhaupt von Gott redet, muss bereit sein zuzugestehen, dass Gott anders ist, als unsere Gedanken fassen. Vom »Himmel« sprechen, das heißt von der Weise reden, wie Gott ist: er, der Heilige, der Unzugängliche, der »in einem Licht wohnt, in das niemand vordringt«, der Fremde, der Übermächtige.

Das heißt aber nicht, dass Gott fern ist. Er ist mitten in den Dingen dieser Erde, um sie her, über ihnen. »Himmel« ist die Nähe Gottes in dieser Welt: die verborgene, verhüllte, unbegreifliche. Und seit Christus unter dem offenen Himmel im Jordan stand, heißt »den Himmel sehen« für uns: Christus erkennen, der die Durchsicht, den Zugang zum Vater öffnet.

Wenn wir beten, bedürfen wir des offenen Himmels. Wir reden sonst mit uns selbst.

Heiliger Gott,
ich selbst stehe zwischen dir und deiner Welt,
zwischen dem Himmel und der Erde.

Ich verstelle deinen Himmel
mir selbst und den Menschen
und die Erde wird gottlos,
die Menschen werden gottverlassen.
Ich möchte aber so stehen
zwischen Himmel und Erde,
dass ich dir Raum gebe:
deinem Licht, deiner Gegenwart.

Du hast zu Jesus Christus
aus dem offenen Himmel gesprochen.
Sprich auch zu mir.
Hilf mir, dass ich deinem Geist Raum lasse,
der aus dem offenen Himmel kommt.

Gott, der du der Schöpfer bist
aller Geschöpfe,
den die Erde nicht fasst
und der Himmel nicht umschließt,
ich möchte dir den Weg freigeben
zu meinem Herzen,
damit Himmel und Erde,
wo ich bin, sich verbinden,
wie sie in Christus verbunden sind.

Vater, du bist im Himmel.
Du bist also bei mir,
du behütest mich,
du denkst an mich und begleitest mich
auf allen Wegen, die ich auf dieser Erde,
deiner Erde, gehe.

Gottes Angesicht

»Der Herr segne dich und behüte dich.
der Herr lasse sein Angesicht leuchten über dir
und sei dir gnädig.
Der Herr erhebe sein Angesicht auf dich
und gebe dir Frieden.«

In diesen Worten drückt der »Aaronitische Segen« des Alten Testaments den Wunsch aus, Gott möge sich uns zuwenden, sich um uns kümmern, uns schützen und uns bejahen. Das »Angesicht« ist ein Bild: Wenn ich einem Menschen begegne, habe ich sein Gesicht vor mir. So nehme ich ihn wahr. So erkenne ich ihn, so kann ich ihn ansprechen und unter Umständen mit ihm vertraut werden. In seinem Angesicht drückt sich aus, ob er mich liebt oder hasst oder ob ich ihm gleichgültig bin, ob er sich mir zuwenden oder verschließen will.

Gott hat ein »Angesicht«, das bedeutet: Er ist nicht ein namenloses Schicksal, nicht der Zufall, nicht ein Naturgesetz oder ein unbegreiflicher Weltgeist. Er kennt uns, er spricht zu uns, er sieht und hört uns und wir können uns ihm anvertrauen. Er ist das, was wir eine »Person« nennen, und wir scheuen uns nicht, dieses menschliche Wort auf ihn anzuwenden, weil wir von seinem Geheimnis auf keine bessere Weise sprechen können.

Denn allen Bildern, die wir gebrauchen, um von Gott zu sprechen, ist gemeinsam, dass sie an uns Menschen abgenommen sind. Gott sieht uns, so sprechen wir von seinen Augen. Er schützt uns, so sprechen wir von seinen Armen oder Händen.

Er hat die Macht, so sagen wir, er sitze auf einem »Thron«. Er ist ferne und unzugänglich und doch ganz nahe, so sprechen wir vom »Himmel«. Geheimnisse bedürfen der Bilder, damit wir Menschen sie deuten können. Bilder sind nicht »richtig« wie ein Protokoll oder das Einmaleins, aber sie können wahr sein, eine Wahrheit aussprechen, den zeigen, der die Wahrheit ist.

So sagt Christus: »Ich bin die Wahrheit«, und sagt damit nichts anderes als mit seinem Wort: »Wer mich sieht, sieht den Vater.« Wer mich sieht, nimmt – an meinem Gesicht – den Vater wahr.

Ich glaube, Vater im Himmel,
dass du nahe bei mir bist.
Du kennst mich und sprichst zu mir.
Ich glaube, dass du mir zugewandt bist
mit deinem Angesicht.

Dir muss ich mich zuwenden,
wenn ich mich selbst finden will.
Denn ich bin nur,
was ich in deinen Augen bin.
Ich kenne das Geheimnis nicht,
das in mir ist,
bis du es offenbarst
im Schein deines Angesichts.

Alles spiegelt sich in dir.
Was in dieser Welt wahr ist,
ist es, weil du die Wahrheit bist.
Was in dieser Welt Leben hat,
lebt, weil du das Leben bist.
Was in dieser Welt schön ist,
ist es durch dich, ewige Schönheit.
Wenn ich glücklich bin,
dann, weil du ja sagst zu mir.

Und wenn alles dunkel und leer ist,
wenn ich mein Schicksal nicht verstehe,
dann glaube ich, dass dein Angesicht
mich ansieht mitten aus der Dunkelheit.
Hilf mir, dich zu lieben,
wo immer mir dein Angesicht nahe ist.

Das Gesicht des Liebenden leuchtet
im Gesicht des Geliebten.
Lass dein Angesicht leuchten über mir
und lass dein Licht ausstrahlen
von meinem Angesicht.

Ich begegne dir, mein Gott.

Dabei verstehe ich, dass ich ein Ganzes bin.
Vielerlei Kräfte sind in mir
und sie alle sind eins.
Alles, was ich bin, ist versammelt in dir.

Du nimmst mich an.
Ich tue dasselbe: Ich nehme mich an.
Ich sage Ja zu mir.
Nicht, weil ich etwas Besonderes wäre,
sondern weil ich mich dir anvertraue.

Du naher Gott, du alles durchdringender,
siehst mich aus nächster Nähe.
Du sprichst zu mir und meiner Seele
mit deiner großen, leisen Stimme.

Meine Bestimmung ist, dich zu schauen
in vielen Bildern, die mir nahekommen.
Indem ich schaue, gebe ich mich dir zurück
als dein Spiegel, dein Kind.

*

Gott ist nicht im Unsichtbaren
und nicht im Sichtbaren,
sondern in der Wirkung
des Unsichtbaren auf das Sichtbare,
woraus Form, Tat oder Wort entsteht.

Ricarda Huch

Gott du, deines Mantels Saum
möchten wir berühren.
einen Hauch, ein Wehen kaum
gib uns zu verspüren.

Lass, du Dunkler, der so fern,
Licht ins Dunkel scheinen,
dass sich wie in einem Stern
Erd und Himmel einen.

Sprich, du Naher, unsrem Leid
nur ein Wort zu, leise,
heilend, das in Angst und Not
uns den Frieden weise.

Eins in dir sind Zeit und Raum,
eins sind Not und Fülle,
Gott, in deines Mantels Saum
unsre Armut hülle.

Begegnung

Die Bibel vergleicht den Menschen immer wieder mit einem Baum. Sie ist damit nicht allein. Alle alten Religionen unseres Kulturkreises beziehen sich immer wieder auf Bäume: Götterbäume, Seelenbäume, Schicksalsbäume, die Weltesche, den Baum der Erkenntnis oder den Baum des Lebens. Seit Urzeiten hat der Mensch den Baum als ihm verwandt empfunden.

Wir sollten auf Spaziergängen gelegentlich stehenbleiben, wo ein einzelner Baum sich aus seiner Umgebung heraushebt, und ihn betrachten. Wir sind nicht dieser Baum und sollen uns das auch nicht einreden oder einmeditieren. Wir sollen uns nicht mit dem Baum identifizieren, sondern ihm begegnen. Wir begegnen ihm, indem wir ihn so lange genau ansehen, bis wir seine Linien nachzeichnen könnten. Kein Baum ist wie der andere und im Gegenüber zum Menschen drückt keiner dasselbe aus wie ein anderer.

Ein Baum hat eine Gestalt, die ihn verbindet mit anderen Bäumen seiner Art und ihn kenntlich macht, und er zeigt ein Schicksal, das ihn heraushebt aus seinen Artgenossen. Sturm, Trockenheit, Nachbarschaft anderer Bäume, Eingriffe des Menschen machen sein Schicksal aus und geben ihm seine »persönliche« Gestalt. Dabei »macht« der Baum nichts. Er lebt. Er wächst und behauptet sich. Er »will« nichts. Er gehorcht dem Gesetz, das in ihm ist.

Wer so vor einem Baum steht und ihm begegnet, findet sich unversehens bei der Bemühung, »wie ein Baum« zu sein. Zu stehen. Sich aufzurichten. Wurzeln zu schlagen. Raum zu gewinnen. Ein Mensch zu werden, der aufrecht dasteht. Dann verlässt man den Baum und setzt seinen Gang fort. Aber man hat ihn kennengelernt und ein Gleichnis begriffen.

Die Gleichnisse der Bibel pflegt man uns zu »erklären«, weil wir sie nur noch mit dem Kopf zu verstehen meinen. Sie wollen aber mehr: Sie wollen gesehen, nacherlebt und nachvollzogen sein. Sie sind Modelle unseres praktischen Lebens.

Eine Kiefer.
Ein Stamm. Eine Krone.
Trockene Aststümpfe bis zur halben Höhe.
Ein Stück Erde, in das der Stamm eingreift.
Ein Baum, der sich selbst trägt,
sich von der Erde her aufbaut.

Er hat seinen Platz und seine Nahrung.
Mit seinem Wurzelwerk tastet er nach Wasser
und saugt es ein.
Der Saft steigt auf, in den Wurzeln zusammengezogen,
im Stamm gesammelt,
nach oben und außen weitergedrängt
zu Trieben und Nadelbüschen.

Er treibt Blüten hervor und grüne Zapfen.
Die Zapfen werden braun und hart und fallen schließlich.
Auf den Trieben dieses Jahres werden im kommenden Jahr
neue Triebe wachsen, neue Nadeln, neue Früchte.

Er wächst, solange er lebt,
an allen Wurzeln und Ästen.
Wenn er aufhört zu wachsen, wird er bald sterben.
Eines Tages wird die Stelle leer
und der Baum ein Teil der Erde geworden sein.
Aber noch steht er vor mir
und ich versuche, ihn zu verstehen.

*

Gesegnet der Mann, der sich auf Gott verlässt,
dessen Hoffnung auf Gott gründet.
Der ist wie ein Baum, am Wasser gepflanzt,
der seine Wurzeln zum Bach hinstreckt.
Wenn auch die Hitze kommt, fürchtet er sich doch nicht,
sondern seine Blätter bleiben grün.
Er sorgt sich nicht, wenn ein dürres Jahr kommt,
sondern bringt ohne Aufhören Früchte.

Jeremia 17,7–8

Standhalten

Wer beten lernen will, wird in vielen Punkten anders leben müssen, als die meisten heute leben. Er wird zum Beispiel aushalten und standhalten müssen, wo sich ihm leichte Auswege aus Schwierigkeiten anbieten.

Wer sich selbst und seiner inneren Fragwürdigkeit begegnet, kann in die Leistung ausweichen: »Sein Leben ist Arbeit.« Nein, es ist Flucht. Wer seinen Charakter darin bewähren müsste, in einer bestimmten Sache allein gegen die Menge der anderen zu stehen, kann seinen Charakter opfern und sich anpassen. Wer sich verloren hat und nun zu sich selbst kommen sollte, kann Urlaub nehmen und sich »entspannen«, das heißt sich in seiner Verkrampftheit einrichten, ohne Mühe mit sich selbst zu haben. Wer den banalen Anforderungen unbedeutender Pflichten nachkommen sollte, hat die Möglichkeit, sich in den Rausch zu entfernen, das heißt in ein Glück, das durch Verantwortlichkeit nicht getrübt wird. Ist er überarbeitet und sollte den Arbeitsstil ändern, rettet er seine Leistung durch anregende Mittel, und wird er dann nervös, greift er zu Beruhigungspillen. Auch Schmerzen lassen sich so vertreiben, und wer sich ängstet, den schützen Psychopharmaka vor der rauen Welt. Es ist heute sehr leicht, Schwierigkeiten zu beseitigen, ohne ihnen standhalten zu müssen. Wir können uns leicht der Aufgabe entziehen, uns umzustellen oder gar zu verändern.

Wir sichern uns heute ein störungsfreies Leben durch eine hoch entwickelte Kunst der Vernebelung und wundern uns dann, dass Gott uns verborgen bleibt. Denn Gott findet nur, wer sich freihält für die Wahrheit. Das Gebet gedeiht nur in einer Atmosphäre der Wahrhaftigkeit, und ein erwachsener Mensch wird nur, wem standzuhalten gelingt, wo es die Wahrheit verlangt.

Bruder Jesus, ich prüfe mich vor dir.
Ich prüfe, was klein ist und was groß.
Was ist nötig an meinen Sorgen
und an meiner Angst?
Worauf soll ich zugehen?
Was ist bedeutsam? Was entbehrlich?

Manches, was mir wichtig ist,
ist vielleicht doch so klein,
dass ich es vergessen kann.
Manches, was ich bisher übersehen habe,
ist so groß, dass ich dafür eintreten muss.

Gib mir Zutrauen zu mir selbst
und Zutrauen zu deinem Auftrag.
Denn ich will tun, was du willst.

*

Sich selbst erkennen, wie man in Wahrheit ist, das ist mehr wert als alle Wissenschaft. Wenn du dich selbst erkennst, bist du vor Gott besser, als wenn du, ohne dich selbst zu kennen, die Bewegungen des Himmels, aller Planeten und Sterne, die Kraft aller Kräuter, das Wesen aller Menschen und Tiere verstündest und wenn du dazu noch die Kunst all derer hättest, die im Himmel und auf der Erde sind. Es war nie ein Weg in die Welt hinaus so gut, dass nicht der Weg zu sich selbst besser gewesen wäre.

Johann Andreas Detzer

Sich nicht wichtig nehmen

Standhalten und auf sich selbst achten ist notwendig, aber es ist nicht das Ganze. Es könnte sein, dass einer sich selbst kontrolliert und in Zucht nimmt, dabei aber weder lebt noch liebt, sondern erstarrt in moralischer Härte. Wer sich zu ausschließlich mit sich selbst befasst, verbringt sein Leben damit, sich mit anderen zu vergleichen, statt mit ihnen zu leben, oder Menschen zu bessern, statt sie zu lieben. Wie soll er ein Wort hören, das wirklich von Gott kommt? Wie soll er sich einem Werk opfern, wie auf Leiden gefasst sein? Nüchternheit gegenüber den eigenen Klagen, Distanz gegenüber seinen Bedürfnissen, Humor gegenüber seiner Wichtigkeit – das könnten Schritte auf dem Weg zum Gebet sein.

Wir vermeiden auf diese Weise jene törichten, falschen Gebete, in denen ein Mensch mit der Monotonie alter Litaneien Gott mitteilt, was er braucht, was Gott zu geben, zu verhüten oder zu berücksichtigen habe. Das Gebet stirbt, wo der Betende sich für den Nabel der Welt hält.

*

Ein Vogel lag auf dem Rücken und hielt beide Beine starr gegen den Himmel gestreckt. Ein anderer Vogel kam vorüber und fragte verwundert: »Warum liegst du so da? Und warum hältst du die Beine so starr?« Da antwortete der erste Vogel: »Ich trage den Himmel mit meinen Beinen. Wenn ich losließe und die Beine anzöge, würde der Himmel herabstürzen!«

Kaum hatte er das gesagt, da löste sich ein Blatt vom nahen Eichbaum und fiel leise raschelnd zur Erde. Darüber erschrak der Vogel so sehr, dass er sich geschwind aufrichtete und spornstreichs davonflog. Der Himmel aber blieb an seinem Ort.

Alte Fabel

Neue Dinge erfinden kann ich nicht,
Flugzeuge etwa,
die auf silbernen Flügeln segeln.
Aber heute
wurde mir in der Frühe
ein wunderbarer Gedanke geschenkt,
und die Streifen auf meinem Kleid,
blankgerieben vom langen Tragen,
wurden plötzlich ganz hell
und leuchteten in einem Licht,
das vom Himmel fiel –
goldenes, silbernes, bronzenes
Licht aus himmlischen Fenstern.
Dies war der Gedanke:
dass ein geheimer Plan
verborgen sei in meiner Hand;
dass meine Hand groß sei,
groß wegen dieses Plans.
Dass nämlich Gott,
der in meiner Hand wohnt,
den geheimen Plan kennt
und meine Hand nutzt für das,
was Er tun will für die Welt.

Toyohiko Kagawa

Wandlung

Es gibt Hindernisse in uns selbst. Oder besser: Ein Hindernis auf dem Weg zum Gebet sind wir selbst. Wir müssten uns ändern können. Viele nehmen es sich vor und meistens geschieht nichts. Manche mühen sich ein Leben lang darum und bleiben doch dieselben. Jeden Morgen erwachen sie mit derselben Last, sich mit sich selbst abzufinden, den Menschen ertragen zu müssen, der sie selbst sind und den sie nicht ändern können, bis zum Abend und ein Leben lang bis zum Tod.

Was sich verändern müsste, wäre unschwer zu erkennen: Die Verschlossenen müssten sich öffnen. Die Unzufriedenen müssten ihre Grenzen annehmen. Die Verdrießlichen müssten Dankbarkeit lernen. Die Gleichgültigen müssten sich hingeben. Die Vieldeutigen, die sich hinter Masken verbergen, müssten den Mut finden, klar und einfach so zu leben, wie sie sind. Die für alles Entschuldigungen finden, müssten ehrlich werden. Die sich immer und immer an etwas oder an jemandem festklammern, müssten loslassen. Die immerfort über die böse Welt klagen, müssten das Erbarmen mit den Menschen lernen.

Menschen mit dem Stehvermögen der Erfolgreichen müssten sich um ihre Mitmenschen bemühen, um Gespräche mit ihnen. Die sich immer durchsetzen gegen die anderen, müssten die Gelegenheit suchen, in der sie Frieden zu stiften hätten. Menschen mit großem Können und großem Wissen müssten sich wandeln in Liebende, die Charakterfesten in Hingebende. Und Menschen, die es gewöhnt sind, alles selbst zu tun, müssten lernen, etwas geschehen zu lassen, ohne selbst zuzugreifen.

Das Gebet erfordert einen Menschen, der bereit ist, sich zu ändern, soweit er das kann, und sich verändern zu lassen, sobald er bemerkt, dass die Aufgabe sein Vermögen übersteigt. Die verwandelnde Kraft, auf die es ankommt, nennen wir den Geist Gottes: den schöpferischen Geist aus Gott.

Ich weiß, mein Gott,
dass ich nicht weiterkomme,
wenn du mich nicht veränderst.
Denn dass ich mich selbst nicht ändern kann,
ist der Grund meines Elends.
Ich weiß, dass ich mich überwinden müsste
und es doch nicht kann, sooft ich es auch versuche.

Überwinde mich du, Gott.
Verändere mich.
Wenn du Hand an mich legst,
um mich von mir frei zu machen,
will ich mich gerne annehmen, wie ich dann bin,
und dir nicht im Weg sein.

Ich will dir stillhalten.
Denn ich weiß, dass ich selbst das Hindernis bin,
das du überwinden musst.
Liebe du mich,
damit auch ich mich lieben kann.

Eine arme, ungeordnete, zerrissene Welt
wird mein Platz sein. Ich will ihn annehmen.
Deine verwandelnde Kraft wird meine Kraft sein,
dein Erbarmen mein Reichtum.
Sende deinen heiligen Geist
und verwandle mich. Überwinde mich.
Ich glaube – hilf meinem Unglauben.

*

Ich beuge meine Knie vor dem Vater,
dass er euch Kraft gebe
nach dem Reichtum seiner Herrlichkeit,
stark zu werden durch seinen Geist
an dem inwendigen Menschen,
dass Christus durch den Glauben in euren Herzen wohne
und ihr in der Liebe eingewurzelt und gegründet werdet.

Aus dem Brief an die Epheser

Wachstum

Unser Körper wächst bis zu einem bestimmten Maß. Wir selbst – das geistige und seelische Wesen in uns – haben eine solche Grenze nicht. Wir können unser Leben lang weiterwachsen bis an unser Ende und würden wir noch so alt.

Die Ungeduldigen fragen: Wo wachse ich eigentlich? Was an mir wächst? Sie lassen die Hände entmutigt sinken und sagen: Ich sehe kein Wachstum. Es bleibt alles, wie es ist.

Manche klagen, sie könnten sich beim Gebet nichts vorstellen. Sie empfänden kein Gegenüber, auch nicht nach vielen Versuchen. Es bleibe dabei, dass sie nur Worte machten. In Wahrheit wird ihnen bei ihren Versuchen bewusst, wie arm und unentwickelt ihr Empfinden überhaupt ist. Aber das kann bereits ein Anzeichen dafür sein, dass etwas wächst. Denn die meisten Menschen erkennen ihr Leben lang nicht, wie arm und wie leblos es in ihnen zugeht.

Andere klagen, sie könnten einen Gedanken nicht festhalten. Er werde, wenn sie sich sammeln wollen, nur unsteter, fahriger, aufgescheuchter. In Wahrheit wird ihnen nur deutlich, was sie bisher nicht gemerkt hatten: wie unkontrolliert ihre Gedanken überhaupt hin und her flattern. Aber dies zu bemerken ist ebenfalls ein bedeutender Fortschritt, den die meisten im ganzen Leben nicht erzielen.

Aber wer will darüber urteilen, ob in uns etwas wächst? Für sehr vieles, was an uns selbst geschieht, haben wir die Augen nicht oder noch nicht. Das entscheidende Wachsen der Seele vollzieht sich immer sozusagen hinter unserem Rücken. Wachstum ist eben keine Zauberei. Es besteht am Anfang darin, dass uns das Große groß wird und das Nutzlose nutzlos und dass wir beginnen, uns darauf einzustellen. Wer sich ausstreckt nach dem, was groß ist, und das Kleine loslässt, wird wachsen.

Wo Gott seine Herrschaft ausübt,
sagt Jesus, da geschieht es so,
wie wenn ein Mensch Samen aufs Land wirft
und schläft und aufsteht, viele Tage und Nächte.
Und der Same geht auf und wächst,
ohne dass er es weiß.
Ohne sein Zutun bringt die Erde Frucht,
zuerst den Halm, dann die Ähre
und zuletzt den vollen Weizen in der Ähre.

Markus 4,26–28

*

Ich nehme ein Wort in die Hand
und prüfe sein Gewicht.
Ich beginne ihm zuzuhören
und indem ich zuhöre, geschieht etwas an mir.

Ich lege das Wort wieder weg.
Aber es ist nicht mehr dasselbe Wort.
Es ist gewichtiger geworden
dadurch, dass ich es hörte.
Auch ich selbst bin nicht mehr derselbe.

Umgang mit einem Wort, das ist eine Arbeit,
die der eines Bauern gleicht,
der Samen aufs Land wirft.
Das Wort wächst und verändert das Land,
bis die Ernte da ist.

*

Heiliger Gott, du hast mehr Geduld als ich.
Du hast mehr Zeit.
Wenn ich mich dir überlasse,
habe auch ich Zeit.
Du forderst nicht alles auf einmal.
Während ich nicht mehr will,
nicht mehr kann oder nicht weiterweiß,
wirfst du den Samen aufs Land,
bis er in mir Wurzel schlägt und wächst
und aus meinem Leben Frucht reift. Deine Frucht.

Demut

Dieses Wort ist wenig geachtet, viel missverstanden und viel gemieden. Zu Unrecht. Als »demütig« bezeichnet die Bibel einen von Illusionen, Empfindlichkeiten und Selbstüberschätzung freien Menschen. Sachlichkeit und Fähigkeit zur Hingabe machen die Demut aus.

Demütige sehen und verstehen, wo ihr Auftrag liegt, weil sie aufmerksam sind und nicht mit sich selbst beschäftigt. Sie setzen das Maß nicht selbst, an dem sie sich messen, sondern nehmen es an einem Größeren ab; sind sie Christen, nehmen sie es an Christus. Demütige nehmen sich nicht vor, Menschen dieser oder jener Art zu werden, sondern lassen sich bilden und formen nach der Gestalt, die ein anderer aus ihnen formt. Sie verzichten darauf, ihrem Leben einen »Sinn« zu geben; sie vertrauen darauf, dass ein anderer ihn kennt, und tun inzwischen, was ihnen vor die Hand kommt.

Demut betrifft auch das Gepäck. Man kommt nach den Worten Jesu mit breitem Gepäck nicht durch die »enge Pforte«. Es kann sich um eine Schuld handeln, die einer mitschleppt und die zu gestehen er zu stolz ist. Eine Angst kann es sein, eine Liebhaberei, ein Besitz oder ein berufliches Ziel. Soll er seine Last behalten oder beschließen, sie abzulegen? Beides kann falsch sein. Denn wer gesund werden will, sollte nicht sein eigener Arzt sein wollen. »Lass dir an meiner Gnade genügen«, sagt Gott zu Paulus, als dieser von seiner Krankheit frei sein will. »Meine Kraft ist in den Schwachen mächtig.« Die Fähigkeit, in aller Schwachheit sich der Kraft Gottes anzuvertrauen, nennen wir Demut. Es gibt keinen Weg zum Gebet außer über diese Schwelle.

*

Wie das Wasser die Höhe meidet und in die Tiefe fließt,
so bleibt auch die Weisheit nur bei den Demütigen.

Aus dem Talmud, Buch Taanit 7

Jesus, du wolltest nicht herrschen
über die Menschen.
Du warst ihr Bruder.
Du gingst den unteren Weg.
Du ließest dir alles gefallen:
Missverstehen und Undank,
Torheit und Hass.
Du zeigst mir, wie ich leben soll.
Hilf mir, dir nachzufolgen
von Schritt zu Schritt.

*

Mein Gott,
ich will mit dir ausharren.
Ich habe dich verstanden.
Nimm meine gebrechliche Demut an.

Ich will darauf verzichten,
irgendeine Macht auszuüben
außer der Macht der Demut.
Ich will niemand beeindrucken.
Schenke mir bitte nur meine eigene Gebrochenheit …

Ich will einer sein, den man verachten kann.
Ich möchte bei meinen Freunden bleiben.
Sie sind so einsam und verlassen.

Ich verspreche dir:
Ich werde niemand verraten,
niemand in seiner Einsamkeit ersticken lassen,
niemand verurteilen.
Ich werde alle achten.
Ich werde nie mit Menschen »spielen«.
Die Sehnsucht des Herzens
wird für mich immer heilig sein.

Schenke mir dieses Kreuz:
unter den Menschen bleiben als ihr Freund.

Ladislaus Boros

Wenn wir auch Geschäfte haben,
Die weit fort führen
Von Seinem Licht,
Wenn wir auch das Wasser aus Röhren trinken
Und es erst sterbend naht
Unserem ewig dürstenden Mund –
Wenn wir auch auf einer Straße schreiten,
Darunter die Erde zum Schweigen gebracht wurde
Von einem Pflaster,
Verkaufen dürfen wir nicht unser Ohr,
O, nicht unser Ohr dürfen wir verkaufen.

Nelly Sachs

Die Welt sehen

Gott, du hast alles geschaffen,
was lebt und blüht auf dieser Erde.
Wir aber sind blind für seine Schönheit.
Taub für seine Stimme.
Auch ich gehöre zu den zerstörenden Kräften.
Hilf mir, etwas zu tun, damit unsere Erde lebt,
und mach uns zu ihren achtsamen Bewohnern.

Höhe und Tiefe

Auf alten Bildern begegnen wir immer wieder Darstellungen der Himmelfahrt Christi. Da stehen auf einem Hügel im Kreis ein paar Männer und schauen zu einer Wolke hinauf, denn dort oben verschwinden eben zwei Füße, während unten, in der Mitte des Kreises, zwei Fußspuren in die Erde eingedrückt sind. Hier unten – so will der Maler sagen – haben wir die Spur der irdischen Geschichte Jesu, seine Worte, den Bericht der Kirche. Aber von hier »unten« blicken wir nach »oben«, denn wir glauben, dass Christus nun gegenwärtig ist wie Gott selbst. Während wir noch selbst unsere Spuren in die Erde eindrücken, erwarten wir den Geist Gottes, der von oben, vom Himmel her, zu uns kommen wird.

Die Sprache des Gebets bedarf solcher Bilder. Sie drückt in »Höhe« und »Tiefe« die Weise aus, in der Gott und der Mensch zueinander stehen, und es ist wichtig, dass uns der Sinn solcher Bildreden nicht verlorengeht. Wir empfinden beim Wort »oben« ganz natürlich etwas anderes als beim Wort »unten« und können auch im Zeitalter der Wissenschaft auf die Einübung solcher Symbolwörter nicht verzichten. Wer in einem Schloss aus der Zeit des Barocks oder an einer alten Kirche vor einer der großen Treppen steht und sich Zeit nimmt, ihr Steigen, Verharren und Weitersteigen zu betrachten und es dann Stufe um Stufe nachzugehen, erfährt dabei, wie ihn eine Treppe über ihn hinausführt, wie sie ihn nach »oben« trägt.

Es hat Sinn – und wir Heutigen müssen diesen Sinn wieder einüben –, wenn Betende sagen, man stehe vor Gott – in der Geste des Hörenden; man beuge sich – in der Geste des Gehorsams; man erhebe seine Augen – als der Hilfesuchende; man knie – in der Geste der Unterwerfung; oder man setze sich nieder vor Gott – in der Geste dessen, der nichts weiter will als anwesend sein, wo Gott ist. In diesen Bildern ist viel gesagt, das in Worten schwer zu erklären ist, und mit einer Geste lässt sich vieles ausdrücken, wofür die Sprache nicht ausreicht. Verstünden wir die Bilder und die Gesten, in denen die Menschen seit Urzeiten ihr Leben vor Gott beschrieben haben, viele törichte Missverständnisse blieben uns heute erspart.

Du Gott, der in der Höhe thront,
ich erhebe meine Augen zu dir.

Ich suche dich nicht über den Wolken,
ich suche dich nahe bei mir.
Aber du bist der Heilige, der Erhabene,
darum erhebe ich meine Augen.
Darum rufe ich zu dir aus meiner Tiefe.

Aus der Tiefe, in der ich lebe, rufe ich zu dir.
In der Tiefe erwarte ich deinen Geist,
der aus der Höhe zu mir kommt.
Ich kann nicht rufen,
wenn du nicht selbst mir das Wort gibst.
Sende deinen Geist aus der Höhe,
damit ich glaube, damit ich dich liebe
und ein Wort finde, das dich ehrt.

In der Tiefe suche ich dich,
in all den geringen Dingen,
in all dem Jammer,
der uns Menschen gefangen hält,
in allen dunklen Erfahrungen.
Du bist das Licht,
das von oben leuchtet,
das Leben, das von oben kommt,
der Geist, der von oben zu uns spricht.

Sende deinen Geist aus der Höhe,
damit ich nicht zu mir selbst spreche,
wenn ich bete, sondern zu dir.
Damit ich nicht mir selbst zuhöre,
wenn ich horche, sondern dir.
Damit ich in dir lebe
und nicht nur in mir.
Damit du in mir bist
und nicht nur über mir.

Du naher Gott.
Auf dieser Erde warte ich auf dich.

Menschwerdung

Immer wieder spricht die Bibel vom »heiligen Geist« oder von »Gottes Geist«. Der Geist Gottes »schwebte über den Wassern«, als die Welt geschaffen wurde. Gottes Geist gibt den Propheten das Wort, wenn ihr Volk eines praktischen Rats bedarf. Christus wird Mensch »durch den heiligen Geist«. Als er sich taufen lässt – das heißt, solidarisch wird mit dem leidenden, schuldigen, todverfallenen Menschen –, öffnet sich der Himmel und der Geist Gottes bestätigt seinen Weg. Als auf der Erde eine konkrete, irdische Kirche entstehen soll, entsteht sie durch den Hauch und das Feuer des Geistes. Wo immer der Geist am Werk ist, entsteht etwas Greifbares, Sichtbares, Hörbares. Es entsteht echte diesseitige Wirklichkeit, durchlichtet und sinnerfüllt durch die Gegenwart Gottes. Darum heißt der Geist auch der »Tröster«: Wo er wirkt, ist Gott nahe – mitten in den praktischen Aufgaben. Er heißt auch der »Anwalt«. Er tritt für uns ein – mitten in dem so problematischen Leben, das wir mit Glauben zu durchdringen suchen.

Das Seltsame ist, dass die Bibel nicht dann vom »Geist« spricht, wenn sie »nach oben«, weg von den konkreten Dingen dieser Welt denkt, sondern gerade dann, wenn sie ein Geschehen auf der Erde meint. Die Grundbewegung des Geistes geht abwärts. Das unterscheidet den christlichen Glauben von aller Philosophie.

»Im heiligen Geist beten« heißt also gerade nicht, sich über sich hinaus in eine geistige Höhe entfernen und den Leib verachten, sondern die Menschwerdung Christi und das schöpferische Tun Gottes an der Erde und den Menschen nachvollziehen. Es heißt eine durch und durch menschliche Welt wahrzunehmen, zu bejahen, zu bewohnen und zu erleiden. Es heißt sie umzuschaffen, für sie einzutreten und so vor Gott zu verkörpern.

Nicht in Tempeln, also in exklusiven religiösen Räumen, will Gott angebetet sein, sagt Jesus zu einer Frau, die sich für religiöse Fragen interessiert, ohne sich mit ihrem tatsächlichen Leben kritisch einzulassen: »Gott ist Geist und die ihn anbeten, müssen es tun, neugeschaffen durch Gottes Geist und von der Wahrheit durchdrungen.« (Johannes 4)

Komm Schöpfer, heiliger Geist!
Durch dich wird die Welt geschaffen.
Schaffe weiter an ihr.
Die Welt, die deine schaffende Kraft braucht,
ist unser Herz.
Schaffe neu, was du gebildet hast.
Verbinde, was zerfällt.
Wecke, was unfruchtbar ist.
Verjünge, was alt ist.
Gib uns Augen, das Licht zu sehen.
Gib uns Kraft, Frucht zu bringen
und uns in dir zu freuen mit Leib und Seele.

Greife ein, Gott,
in den Haushalt unserer Seelen.
Löse das Erstarrte.
Mach uns lebendig,
die wir erstarren in Angst.
Gib Mut den Verzagten,
Hoffnung den Niedergeschlagenen,
Freiheit den Schuldigen,
Glauben allen, die sich nach Glauben sehnen.

Gib den Stummen ein Wort.
Den Liebenden ein Wort der Liebe.
Den Dankbaren ein Wort des Danks.
Den Wahrheit Suchenden ein Wort der Wahrheit.
Gib den Misstrauischen ein Wort des Vertrauens
und allen, die nicht wissen, wie sie dich preisen sollen,
ein Wort, dich zu preisen, mein Gott.

Mache die Toten lebendig,
dass die Kraftlosen sich aufraffen,
die nicht stehen können, sich aufrichten,
die nicht gehen können, Schritte tun,
die keinen Weg wissen, den Weg finden,
den du zeigst.
Die keinen Sinn sehen, ihr Ziel schauen.

Wandle uns, Schöpfer Geist,
mit deiner bewegenden Kraft.

Leben »im Geist«

Paulus meint, wir sollten »im Geist« leben. Er sagt »im« Geist und deutet also eine Art »Raum« an, in dem man leben kann, so als wäre der »Geist« die Luft, in der wir atmen, das Haus, in dem wir wohnen, der Grund, in dem wir wurzeln, die Freiheit, in die wir hinauswachsen, wie ein Baum hinauswächst in Licht und Luft.

Es geht nicht um einen Tempel oder eine Kirche. Es gibt aber so etwas wie einen heiligen Raum, der um einen gesammelten, hörenden und antwortenden Menschen entsteht, wie auch um zwei Liebende ein schützender, nicht aber begrenzender Raum entsteht, um eine Mutter mit ihren Kindern, um ein Kunstwerk, um eine Musik.

Dieser »Raum« der Gegenwart des Geistes ist »heilig«, sagen wir. Heilig im ursprünglichen Sinn ist allein Gott. Wenn wir Menschen »heilig« genannt werden, bedeutet das, dass wir in der Ausstrahlung Gottes leben. Lassen wir sie lange und geduldig wirken, so bestimmt und verändert die Wahrheit uns mehr und mehr, sodass die versteckten Winkel Licht bekommen, dass Wort und Tat, Gesten und Gedanken übereinzustimmen beginnen. Alles wird wesentlicher dabei, auch die kleinen Dinge. Gott wird gegenwärtiger und wir werden gegenwärtiger vor ihm. Von uns geht mehr Friede aus.

Wenn Jesus einem Menschen begegnet, verändert er ihn. Er klärt das Verwirrte. Er heilt das Kranke. Er schützt das Bedrohte in ihm und entlässt ihn mit dem Wort: Gehe hin in Frieden. Geheilt zu werden und Frieden zu empfangen und nun »im Geist«, im unsichtbaren Raum der Gegenwart Gottes zu leben, heißt für einen Menschen »heilig sein«.

Und wenn ich nun »im Geist« bete, dann zaubert mich dieses Gebet nicht um, aber es löst ein Wachstum aus, das ein Leben lang fortgeht. Es bringt eine Klarheit, die mich allmählich aus meiner Verworrenheit löst. Es macht Gott größer in mir und mich geringer in meinen eigenen Augen, bis er selbst meinen eigenen Willen bestimmt.

Lebe du in mir, heiliger Gott.
Ich möchte nichts als hier sein
und in dir leben.
Ich möchte mich lassen, mich freigeben.
Ich möchte mich öffnen
und mich offen in der Hand halten,
dir entgegen.

Wirke du in mir so,
dass du mein Leben bist.
Sei du um mich so,
dass du meine Welt bist.
Durchdringe mich,
dass ich selbst unwichtig werde
und du allein bleibst.

*

Wo ein Christ ist, da ist recht eigentlich der Heilige Geist. Der tut nichts anderes als immerdar beten. Denn auch wenn der Mensch nicht immer den Mund regt oder Worte macht, geht und schlägt das Herz – gleich wie die Pulsadern und das Herz im Leibe – ohne Unterlass mit solchem Seufzen: Ach, lieber Vater! Dass doch dein Name geheiligt werde, dein Reich komme, dein Wille geschehe bei uns und jedermann! Und wenn die Püffe, die Anfechtung und Not härter drücken, dann geht solches Seufzen und Bitten desto stärker, auch mit dem Munde. Man kann keinen Christen finden ohne Gebet, so wenig als einen lebendigen Menschen ohne den Puls. Denn der Puls steht nimmer still, er schlägt und regt sich immer, obgleich der Mensch schläft oder etwas anderes tut, und der Mensch wird seiner nicht gewahr.

Martin Luther

Gott, du Geist der Welt,
aller Dinge und Kräfte und Wesen,
die Erde fasst dich nicht und nicht der Weltraum.
Möge mein Herz dich empfangen.
So verbinden sich an der Stelle, an der ich bin,
dein Himmel und deine Erde.

Gerühmt seist du,
Ursprung und Quelle alles Lebendigen.
Im Abglanz unserer Lichter
und im Spiegel unserer Bilder
schaue ich dein Licht.
Lass mich ein Licht sein in dir.
Du bist der schaffende Geist in allem Lebendigen.
Atme du in mir, verwandelnde Kraft.

Ich warte. Die Zeit bindet mich nicht.
Ich schaue frei in die kommende Welt,
hoffend, träumend,
und weiß: Ich werde sein in dir.

Gott, alles ist vergänglich. Du bleibst.
Alles Vergängliche wird vergehen vor dir.
Auch die Vergänglichkeit selbst.
Wir aber werden bleiben. In Ewigkeit.

O Wahrheit!
Du Licht meines Herzens!

Ich habe mich ins Irdische verloren
und bin mir selbst zur Dunkelheit geworden.

Ich geriet in die Irre
und habe mich deiner erinnert.
Ich vernahm deine Stimme hinter mir,
die mich einlud, doch zurückzukehren,
aber kaum vermochte ich sie zu hören
wegen des Lärms der Friedlosen.

Und nun – hier bin ich!
Ich kehre zu deinem Quell zurück,
glühend vor Hitze und außer Atem.
Niemand soll es mir wehren.
Ich will aus ihm trinken
und durch ihn mein Leben gewinnen.

Nicht ich selbst will mein Leben sein.
Böse habe ich gelebt aus mir,
ich bin mir selbst zum Tod geworden.
Nun aber lebe ich in dir auf.

Sprich du zu mir!
Rede zu mir.

Augustinus

Tatsachen

Wer beten lernen will, braucht sich nicht um die Aufschwünge der Seele zu bemühen. Es genügt, dass wir auf der Erde stehen. Wir brauchen uns nicht nach großen Erfahrungen auszustrecken. Die kleinen Dinge, mit denen wir leben, sind genug. Sie haben uns so viel zu sagen, dass wir lange von ihnen lernen könnten. Wir brauchen uns nicht in die Ferne zu sehnen, hinweg von der Welt und den Menschen. Der Lernstoff liegt nahe.

»Tu, was dir vor die Hand kommt, denn Gott ist mit dir!«, sagt ein Prophet des Alten Testaments. »Vor die Hand« kommen aber vom Morgen bis zum Abend unzählige Dinge, wichtige und unwichtige. Und mit den Dingen kommen Aufgaben »vor die Hand«, Chancen oder Gefahren. Die Dinge vor unserer Hand sind es wert, dass wir sie nicht einfach nehmen und wieder weglegen, sondern hin und wieder auch einmal eines von ihnen – einen Bleistift, eine Münze, ein Werkzeug – länger ansehen und unsere Gedanken darin üben, bei einer kleinen und scheinbar unbedeutenden Sache konzentriert zu verharren, vielleicht auch bei einem Stein vor unseren Füßen oder einem Stück Brot auf dem Teller. Man sollte lernen, seine Gedanken so zu beherrschen, dass man drei Minuten bei diesem kleinen Ding verweilen kann, es kennenlernen und prüfen. Denn die Dinge sind Lehrmeister.

Versucht man das zum ersten Mal, wird man merken, dass man es nicht kann. Nach zwanzig Sekunden spätestens sind die Gedanken anderswo. Und vielleicht merkt man dabei auch, dass es uns modernen Menschen schlicht an der Übung fehlt, unsere Gedanken zusammenzuhalten, und dass wir nicht nur äußerlich unstet und eilig leben, sondern auch innerlich zerfahren und zerrissen sind. Und sehr wahrscheinlich kommen wir auch mit dem Gebet nicht zurecht, weil es uns mit ihm ebenso ergeht. Wenn wir nicht drei Minuten lang mit allen Gedanken bei einem Gegenstand verweilen können, der in unserer Hand liegt, den wir sehen und abtasten können, wie sollten wir drei Minuten vor Gott anwesend sein können – mit ganzem Herzen, ganzer Seele und allen Kräften, wie die Bibel sagt – vor Gott, den wir nicht sehen? Die Dinge sind Lehrmeister.

Es geht nicht um eine mystische Versenkung in die Dinge. Es geht um die ganz einfache Disziplin der Gedanken. Ich nehme etwa einen Schlüssel in die Hand und führe mir deutlich vor Augen, was ich da in der Hand habe: einen Schrankschlüssel etwa, aus Eisen, alt und grau von Rostflecken, mit einem kreisförmigen, flach geschlagenen Ring am Ende. Kurz unter dem Ring trägt sein Schaft ein paar Rillen. Der Bart ist S-förmig, Ring und Bart sind abgerieben und glänzen matt. Im Schaft eingraviert steht die Zahl acht.

Und dann stelle ich mir vor, was ich nicht sehe, seine andere Hälfte sozusagen: das Schloss. Dort muss ein Schlüsselloch sein, in das er passt. Im Schloss stelle ich mir den Riegel vor, der in die Falle im Türrahmen springt, wenn mein Schlüssel ihn bewegt. Und den Schrank stelle ich mir vor, den er verschließt. Einen alten, weiß gestrichenen Wäscheschrank vielleicht. Und etwas noch Ferneres: die Frauen, die in den letzten zwei oder drei Generationen diesen Schlüssel in der Hand gehabt haben mögen und die Tür zu ihrem Schrank auf- und zuschlossen, wenn sie mit ihrer Wäsche zu tun hatten. Wenn er nun in meiner Hand liegt, ist es derselbe Schlüssel wie am Anfang. Aber ich bin mit ihm vertraut geworden. Der kleine Prinz von Saint-Exupéry würde sagen: Ich habe ihn »gezähmt«. Ich kenne ihn. Ich ahne, dass er eine Lebensgeschichte hat, bei der zu verweilen sich lohnt.

Was wir bei solchen kleinen Übungen gewinnen, das ist nicht nur der Respekt vor den Dingen, der uns so sehr fehlt, sondern auch die Fähigkeit, ausgehend von sichtbaren Dingen die unsichtbaren zu erschließen und bei ihnen zu verharren – mit ganzem Herzen, ganzer Seele und allen Kräften. Wir werden sie brauchen, wenn wir anfangen wollen zu beten.

Ein Wort nachsprechen

Was uns das Beten immer wieder schwer macht, ist, dass wir auf die eigenen Gedanken und die eigene Redekunst angewiesen sind, dass uns etwas Eigenes einfallen muss und wir doch zu müde oder zu langsam sind, um unsere Sätze in der gebotenen Schnelligkeit zu formulieren. Das Gebet der Christen beginnt aber nicht mit dem Reden, sondern mit dem Hören. Beten können wir in dem Maß, in dem wir fähig sind, ein Wort zu hören, zu bewahren, in uns zu bewegen und wieder nachzusprechen. Beten ist nichts für Redegewandte, sondern für Hörfähige.

Man nehme sich ein Wort aus den Reden Jesu oder aus den Psalmen vor und versuche es zu verstehen. Nicht so, dass man daran »herumdenkt«, nicht so, dass man dabei in Gefühle versinkt, nicht so, dass man dumpf in sich hineinbrütet. Sondern so, dass man klar und locker die Gedanken aneinanderreiht, das Wort umkreist, an ihm vorübergeht, es in die Hand nimmt und nach allen Seiten wendet. Man merkt dabei zunächst und vor allem, wie unfähig man ist, ein Wort aufzufassen und umzusetzen.

Man erkennt unter anderem auch sich selbst auf diesem Weg: Man hört ein Wort, das Jesus gesagt hat, und man bemerkt den ungeheuren Abstand, in dem man davon lebt, man merkt die Unordnung in den eigenen Gedanken, die Stumpfheit und Taubheit, die Blindheit, die Beschränktheit, die Unfähigkeit, aufzunehmen und sich hinzugeben.

Es ist wichtig, das einmal am Tag zu tun: irgendein Wort zu sich hernehmen und sich gleichsam in ihm aufhalten. Jesus sagt: »Wenn ihr in meiner Rede wohnt, seid ihr in Wahrheit meine Jünger.« Und darum beten wir zunächst nicht mit Worten, die uns selbst einfallen, sondern mit Worten, die Jesus gesprochen hat, und zwar so lange, bis die eigenen Gedanken uns gehorchen.

Im Alten Testament wird unterschieden zwischen »reinen« und »unreinen« Tieren. Rein sind Tiere, die zum Opfer und zum gottesdienstlichen Essen geeignet sind. Sie unterscheiden sich von den ungeeigneten dadurch, dass sie wiederkäuen. Diesen Gedanken nimmt Luther in seiner Schrift über die Lebensordnung der Geistlichen auf:

»Am Abend musst du ein Wort aus der Heiligen Schrift im Gedächtnis mit dir zu Bette nehmen und wiederkäuend wie ein reines Tier magst du sanft einschlafen. Es soll aber nicht viel sein, eher ganz wenig, aber gut durchdacht und verstanden. Und wenn du am Morgen aufstehst, sollst du es als den Ertrag des gestrigen Tages vorfinden.«

*

Was sich eignet:

Ich bin das Brot, das das Leben gibt. Wer zu mir kommt, den wird nicht mehr hungern.

Ich bin das Licht der Welt. Wer mir nachfolgt, wird nicht in der Finsternis irren, sondern das Licht schauen und das Leben finden.

Selig sind die reinen Herzen. Sie werden Gott schauen.

Selig sind die Barmherzigen. Gott wird ihnen barmherzig sein.

Er hat unsere Schwachheit auf sich genommen und unser Leiden getragen.

Dein ist das Reich und die Kraft und die Herrlichkeit in Ewigkeit.

Bittet, so wird euch gegeben. Sucht, so werdet ihr finden. Klopft an, so wird euch aufgetan.

Das Himmelreich gewinnt, wer handelt wie ein Kaufmann, der gute Perlen suchte. Als er eine kostbare Perle fand, ging er hin, verkaufte alles, was er hatte, und kaufte die Perle.

In deine Hände befehle ich meinen Geist.

Gebete aus der Zeitung

Eine Zeitung aufschlagen heißt Worten begegnen – ob sie nun Tatsachen und Schicksalen entsprechen, ob sie der Beschönigung oder Verhüllung dienen oder Vermutung, Verdacht, Vorurteil ausdrücken. Die Zeitungen sind nicht wahrer als das Leben der Menschen, das sie spiegeln wollen. Wenn Jesus Anweisungen für das Leben geben wollte, erzählte er häufig Geschichten, wie sie auch hätten in einer Zeitung stehen können: »Es war ein Mensch, der ging von Jerusalem hinab nach Jericho und fiel unter die Räuber.« Und er begann solche Geschichten oft mit dem Wort »Siehe«. »Sieh hin!« »Lass es dir genau schildern! Das ist geschehen, das haben Menschen erlebt, das ist möglich gewesen! Kümmere dich darum, nimm die Tatsache, den Hinweis ernst!«

Wir könnten heute in ähnlicher Weise sagen: Wenn du die Zeitung liest, dann achte auf die Schicksale. Achte auf die Gewalttaten, die Lügen, die verborgenen Tatsachen, die Vorgänge hinter den Worten. In der Regel sind es nicht die Sensationen, auf die es ankommt, sondern das kleine Glück, das Elend, das hinter den Anzeigen stehende Leid. Suche nach der Krankheit in der Gemeinschaft der Menschen, nach Schuld und Sühne, nach dem guten Willen und dem geringen Können. Nach den Verhältnissen, die es zu ändern gilt, die um der Menschen und ihrer Schicksale willen nicht bleiben können, wie sie heute sind.

Die Zeitung lesen heißt sich entsetzen, heißt erschrecken, heißt staunen oder bangen. Wer nicht weiß, was er beten soll, schlage eine Zeitung auf und rede mit Gott über das, was er liest. Er wird, ehe er es sich versieht, ein Fürbittender sein. Er wird für das eigene Ergehen danken. Er wird verstehen, was es bedeutet, dass fremde Menschen seine Brüder und Schwestern sind, und wird von sich selbst frei werden. Er wird vielleicht überhaupt auf diesem Wege das Gebet entdecken. Er wird mit Gott über das Elend reden, dass sein Reich nicht da ist, und über die Wege, die zum Reich Gottes unter den Menschen führen.

Ich lese in einer und derselben Ausgabe »Rentenerhöhung wird verschoben« und »Strom wird teurer«. Und ich denke an die Menschen, die in unserem immer reicher werdenden Land ärmer werden, weil die Preise schneller steigen als die Renten. In den kurzen Nachrichten verbergen sich die Schicksale.

Ich lese »Suche Zimmer mit Kochgelegenheit. Miete bis 200 Euro. Eskitasli Halide«. Und ich denke an die Fremden in unserem Land, die keine Chance haben, sich der Ausgrenzung durch ihre Gastgeber zu erwehren.

Ich lese »Rentner lag drei Tage hilflos in seiner Küche«. Und ich denke an die Verlassenen, denen niemand antwortet, wenn sie rufen.

Ich lese »In der Nacht zum Donnerstag wurde in einem Elektrogeschäft in der Wilhelmstraße eingebrochen. Zwei junge Männer …«. Und ich denke an die Erfahrungen, die die beiden im Lauf ihres jungen Lebens mit der Welt der Erwachsenen wohl gemacht haben, bevor sie die Scheibe einschlugen.

Ich lese »Geld wie Heu verdienen viele, die sich von uns beraten ließen«. Und ich denke an die Träume der Millionen vom großen Geldsegen und ihre Enttäuschungen. An die Ehen, die an den Schulden zerbrechen. An die Lügen, die nötig sind, um zu verdienen an denen, die solchen Versprechungen Glauben schenken.

Ich lese »Bei Zusammenstößen zwischen der Polizei und Arbeitern sind vier Personen getötet worden«. Und ich denke an alles Unrecht, das vorangegangen sein muss, ehe die Arbeiter und die Polizisten zusammenstießen.

Wer nicht weiß, was er beten soll, lese die Zeitung.

Die Erde verändern

Es ist noch nicht sehr lange her, dass uns aufging, wie wenig es sich bei der Bergpredigt um Utopien handelt und wie sehr um das Modell einer künftigen Menschenwelt. Erst seit einigen Jahrhunderten weiß man, und noch längst nicht überall, dass ein Mensch nicht der Sklave eines anderen Menschen sein kann. Erst seit einigen Jahrzehnten erkennt man, dass auch das nutzlose Glied einer Gesellschaft ein Recht auf Leben hat, dass man Verwundete nicht auf dem Schlachtfeld liegen lässt und dass Gefangene Menschen bleiben auch in der Hand des Feindes. Dass es nicht möglich sein könnte, Verbrecher zu töten, erwog man vor wenigen Generationen noch nicht.

Was gerecht ist unter den Menschen, müssen wir für unsere heutige Welt erst finden, denn was man bisher für Träume hielt, erkennen wir als unsere Aufgabe. Gibt es eine Fürsorgepflicht eines reichen Landes für ein armes am anderen Ende der Erde? Absurd!, hätten Politiker früherer Zeiten gesagt, wie die Könige des 18. Jahrhunderts es für absurd gehalten hätten zu behaupten, sie hätten kein Recht, Kriege zu führen. Selbstverständlichkeiten von Jahrtausenden verlieren ihren Sinn, und als sei die Kirche 1600 Jahre lang blind gewesen – seit sie nämlich begann, für den Bestand des Römischen Reiches verantwortlich zu sein –, verstehen wir plötzlich wieder, dass die Bergpredigt die Umrisse einer menschlichen Welt zeichnet. »Selig sind die Friedensstifter.« »Selig sind die Sanftmütigen, denn ihnen soll die Erde gehören.« »Selig sind, die sich um der Gerechtigkeit willen verfolgen lassen.« »Ihr sollt nicht schwören.« »Ihr sollt nicht töten.« »Ihr sollt Schuld nicht vergelten.« Es ist nüchterne Wirklichkeit, was Jesus hier zeigt.

Wir verstehen heute, dass wir im Gebet Gottes Willen zu erfassen suchen und Klarheit gewinnen müssen für eine bewusste politische Wirkung. Dass manche gemeint haben, allein die politische Aktion sei der Sinn des Gebets, bedeutete, dass sie eine wichtige Erkenntnis unter anderen ebenso wichtigen für das Ganze hielten. Immerhin würde der christliche Glaube von der Bühne abtreten, die er selbst errichtet hat, wenn er auf die verändernde Tat verzichten wollte. Er hätte seine eigene Vision von der Welt Gottes auf dieser Erde preisgegeben.

Gott, wir wissen, dass du eine bessere Welt willst.
Wir ahnen deinen Willen.
Wir wissen aber nicht, wie wir ihn verwirklichen sollen.
Öffne uns die Augen.
Gib uns Phantasie.
Gib uns unerschrockene Tatkraft.
Ändere die Erde durch uns, deine Werkzeuge.
Gott, wir glauben, hilf unserem Unglauben.

*

Einen Tag bevor er ermordet wurde, sagte Martin Luther King in Memphis vor zweitausend schwarzen Bürgerrechtlern in seiner letzten großen Rede:

Ich verließ Atlanta heute früh, wir waren eine Gruppe von sechs, und als der Flug begann, sagte der Pilot über den Lautsprecher: »Entschuldigen Sie bitte die Verspätung, aber wir haben Dr. Martin Luther King an Bord. Um sicherzugehen, dass alles Gepäck kontrolliert und alles an Bord in Ordnung war, mussten wir alles sorgfältig prüfen. Das Flugzeug wurde die ganze Nacht bewacht.« Und dann landete ich in Memphis. Und einige sprachen von den Drohungen, die im Umlauf waren, und von dem, was mir von einigen unserer kranken weißen Brüder widerfahren könnte.

Nun, ich weiß nicht, was jetzt geschehen wird. Schwierige Tage liegen vor uns. Aber das macht mir jetzt wirklich nichts aus. Denn ich bin auf dem Gipfel des Berges gewesen. Ich mache mir keine Sorgen. Wie jeder andere würde ich gern lange leben. Langlebigkeit hat ihren Wert. Aber darum bin ich jetzt nicht besorgt. Ich möchte nur Gottes Willen tun. Er hat mir erlaubt, auf den Berg zu steigen. Und ich habe hinübergesehen. Ich habe das Gelobte Land gesehen. Vielleicht gelange ich nicht dorthin mit euch. Aber ihr sollt heute Abend wissen, dass wir, als ein Volk, in das Gelobte Land gelangen werden. Und deshalb bin ich glücklich heute Abend. Ich mache mir keine Sorgen wegen irgendetwas. Ich fürchte niemanden. Meine Augen haben die Herrlichkeit des kommenden Herrn gesehen.

Gott, ich möchte mich prüfen.
Prüfe du mich und zeige mir, wie ich handle.

Ungleichmäßig lebe und arbeite ich.
Einmal bin ich mit aller Kraft
und allem guten Willen am Werk;
ein andermal lasse ich die Hände sinken
und den Kopf hängen.
Einmal nehme ich mir vor,
Großes zu tun, und überfordere meine Kräfte;
ein andermal lasse ich mich gehen
und nehme sie nicht in Anspruch.

Ich sehe das eine Mal auf meine Arbeit,
das andere Mal auf die Menschen rechts und links,
überlege mir, was sie dazu sagen,
und lasse mich von Neid oder Ehrgeiz leiten.
Ich arbeite hart und verbissen,
aber vielleicht nur deshalb,
weil ich enttäuscht bin
oder weil ich nicht daran glaube,
dass ich mein Ziel erreiche.

Ich möchte ein freier Mensch sein.
Ich möchte verantworten können, was ich tue.
Ich möchte mit der Fantasie der Liebe handeln.
Mache mich frei durch deinen Geist.
Ich möchte dem Leben meines Nächsten
auf den Grund gehen.
Hilf mir, Leiden und Entbehrung zu bejahen,
mein Schicksal und das des anderen zu verstehen
und ihm, in deinem Geist, nahe zu sein.

Bruder Jesus,
in deinem Geschick
zeigst du uns unseren Weg.

Dass unser Weg abwärts führen muss,
sehen wir an dir. Das ist das eine.
Unten sollen wir unseren Auftrag erfüllen.

Du liebtest. Das ist das andere.
Du sagst: Steige ab. Sei unten.
Liebe dort ohne Bedingung und Gesetz.
Und dann tu, was du willst.

Arm sein vor Gott.
Alles von ihm erwarten.
Leid tragen mit der Kraft der Liebe.
Geduldig sein und der Erde wohltun.
Hungern und dürsten nach Gerechtigkeit.
Reinen Herzens Gott schauen.
Frieden schaffen.
Um der Gerechtigkeit willen Verfolgung leiden.
Das ist es, was zu gewinnen ist
auf deinem Weg.

*

Nicht daran, wie ein Mensch von Gott redet,
sondern daran, wie er von irdischen Dingen spricht,
ist am besten zu unterscheiden,
ob seine Seele
das Feuer der göttlichen Liebe erfahren hat.

Simone Weil

Schicksale

Die Bibel verlangt von uns, wir sollten »unseren Nächsten« lieben wie uns selbst. Der Nächste ist der Mensch, mit dem wir gerade zu tun haben. Es ist eine Zumutung, irgendjemand, den man trifft und mit dem man spricht, lieben zu sollen wie sich selbst. Denn der »Nächste« ist uns ja innerlich unendlich weit entfernt. Er ist unbekannt, er ist fremd, er ist fragwürdig wie wir selbst. Lieben setzt aber auf alle Fälle Nähe voraus. Wer Menschen lieben soll, von deren Zwiespältigkeit und Eigensucht er überzeugt ist, muss sie genauer kennen als nur bis in die Schicht ihrer Zwiespältigkeit. Er muss sie verstehen.

Das ist nicht einfacher, als ein Ding kennenzulernen oder ein Wort in sich aufzunehmen, sondern schwerer. Man muss mit den Menschen leben, sie sehen, sie hören, ihre Gedanken ahnen, nachdenken und so den Grund suchen, auf dem ihr Leben tatsächlich stattfindet. Man mag sich zur Übung irgendeinen Menschen wählen, mit dem man immer wieder, aber nicht allzu viel, zu tun hat – nicht jemand aus der eigenen Familie –, einen Nachbarn, die Briefträgerin, einen entfernten Kollegen, und ihn sich so klar vor Augen stellen, dass man die Beziehung entdeckt, die zwischen ihm und einem selbst besteht. In der zweiten Gemüsereihe in unserer Markthalle stand jahrelang eine Frau, derb und handfest. Wenn ich bei ihr einkaufte, redeten wir den einen oder anderen Satz, aber ich weiß wenig von ihr. So viel eben, wie ich hörte, wenn sie sich mit ihren Nachbarinnen unterhielt. Sie lebte allein. Sie schlug sich mit ihrem Stand durchs Leben. Eigentlich hätte ich mehr wissen sollen. Denn sie war ja nicht in erster Linie eine Gemüsefrau, sondern vor allem ein Mensch.

Es kommt nicht darauf an, »Menschenkenntnis« zu entwickeln, und schon gar nicht darauf, Menschen zu durchschauen, sondern zu klären, wie man selbst mit anderen Menschen umgeht oder an ihnen vorbeilebt. Über Menschen nachzudenken, ist der Anfang der Selbsterkenntnis, sie zu verstehen, der Anfang der Liebe, und ohne Einschränkung mit allen umgehen zu können, zeigt an, wie frei von sich selbst jemand ist. Wer für andere Menschen beten will, muss zuerst mit ihnen leben.

*Eure Freundlichkeit lasst alle Menschen spüren.
Christus ist nahe.*

Philipper 4,5

*

Gott, ich habe sehr viel mit mir selbst zu tun
und da sagst du, ich solle allen Menschen
meine Freundlichkeit zeigen.
Ich habe Mühe mit meinem eigenen Schicksal,
ich komme kaum mit meiner Arbeit zurecht
und bin ein Mensch, der sich überwinden muss,
ehe er zu anderen spricht.

Du willst, dass ich an sie alle denke:
die Nachbarn neben mir und die Bewohner dieser Stadt,
die Kollegen, Freunde, Konkurrenten
und die vielen Unbekannten.
Du willst, dass ich mich nicht für besser halte als sie,
dass ich ihre Fehler leichtnehme und ihre Not sehe.

Ich soll an den Monteur denken im Umspannwerk,
der für den Strom in meinem Haus sorgt.
An den Wachtmeister auf der Kreuzung,
der mir hilft, lebendig zur Arbeit zu kommen.
An die Zeitungsfrau,
die morgens um sechs zuverlässig vorbeikommt.
Aber auch an die Mädchen und Jungen in Westafrika,
die den Kakao für meine Kinder ernten,
an die hungernde Familie in Kalkutta
und den streikenden Arbeiter in Rio de Janeiro.

Ich soll mir vor Augen halten,
dass sie da sind und leben.
Du, Christus, bist nahe.
Dein Gesicht ist es, das sie tragen.
Gib mir Freundlichkeit für sie.

Außenseiter einbeziehen

Das Hauptproblem allen gemeinsamen Lebens unter den Menschen ist die Tatsache, dass es Menschen gibt, die anders sind. Außenseiter. Einzelgänger. Fremdartige. Denn die Vorurteile und die landläufigen Meinungen, die sich über die Andersartigen bilden, sind fast unausrottbar. Wenn Frieden herrschen soll, ist es aber nötig, dass wir gegenüber den eigenen Urteilen kritisch werden und das Fremde respektieren. Nötig ist der sachliche, freundliche Umgang mit jedermann und eine liebende Nähe zu möglichst vielen. Wir müssen uns abgewöhnen, die Menschen in »Müllkästen auszusortieren«, wie Paul Schütz sagt, als »Konservative« oder »Modernisten«, als »Rassisten«, als »Kommunisten«, als »Prominente«, als »Verbrecher«. Einer hat einen Mord begangen und ist von da an aussortiert: Er »ist ein Mörder«, als sei dies sein Beruf. Schütz spricht von »Bewusstseinsverschluss durch Parolen« und von einer »Verstockung durch die Sprache«.

Wer für Menschen beten will, muss diese Verschlüsse aufbrechen. Er muss im Sortierten den Einzelnen sehen. Den Ungeliebten lieben. Den Verachteten achten. Den Außenseiter an seine Seite nehmen. Sich für den Wehrlosen wehren. Für Menschen beten heißt, sich darin üben, sie mit Christus zusammenzusehen. Es heißt, sich selbst mit anderen Menschen zusammensehen. Ich sehe den Abgeurteilten mit mir selbst zusammen. Auf dem Weg über den Abgeurteilten werde ich also selbst eins mit Christus. Was Paulus das »Gestaltet-Werden mit der Gestalt Christi« nennt, vollzieht sich auf diesem Umweg. Wenn es eine eigene Art christlicher Bildung gibt, dann besteht sie darin, dass wir uns umbilden lassen nach dem Bild Christi.

*

Großer Geist, hilf mir, dass ich niemand richte,
ehe ich einen halben Mond lang
in seinen Mokassins gegangen bin.

Indianisches Gebet

Jesus Christus sagt:
Ich war im Gefängnis,
und ihr habt euch nicht um mich gekümmert.
Ich war im Gefängnis,
und ihr habt meine Angehörigen geschnitten,
als ob es noch immer Sippenhaft gäbe.
Ich war im Gefängnis,
und ihr habt euren Kindern verboten,
mit meinen Kindern zu spielen.
Ich war im Gefängnis
und bekam keinen Urlaub zur Aufrechterhaltung meiner
Ehe, und euch war es gleichgültig, dass sie zerbrach.
Ich war im Gefängnis,
und ihr habt euch nicht die Mühe gemacht,
nach der Grenze zwischen Krankheit und Schuld zu forschen
und danach, ob nicht auch ihr mitschuldig geworden seid.
Ich war im Gefängnis
und wurde entlassen, und durch euer Misstrauen
– genährt von Vorurteilen und Verallgemeinerungen –
fing die Strafe erst richtig an.
Ich war im Gefängnis
und wollte nach meiner Entlassung ehrlich und ohne Notlüge
neu anfangen, doch gabt ihr mir keine Arbeit.
Ich war im Gefängnis
und hatte nach meiner Entlassung endlich einen Arbeitsplatz
gefunden, da wurde ich wieder entlassen,
weil ich im Fragebogen der Firma die Frage
»Vorbestraft?« mit »Nein« beantwortet hatte.
Ich kam wieder ins Gefängnis,
und da sagtet ihr, es hätte ja doch keinen Zweck,
ich gehörte zu denen, die doch immer wiederkämen.

Dieter Frettlöh

*

Seine Grundsätze soll man für die großen Dinge verwenden,
bei den kleinen genügt die Barmherzigkeit.

Albert Camus mit 22 Jahren

Des anderen Last tragen

»Einer trage des anderen Last«, sagt das Neue Testament, »so werdet ihr das Gesetz Christi erfüllen.« Das bedeutet nicht zuerst, seine Not und Mühe, sondern vor allem seine Schuld zu tragen, seine Unverbesserlichkeit, Stummheit, Empfindlichkeit.

Wir leben in einer Zeit, in der die meisten lieber wegsehen, wenn sie dem Elend begegnen, in einer Zeit, in der das Elend kaserniert wird in Massenhäusern für Kranke und Verwirrte, Alte und Pflegebedürftige, Schwererziehbare und Gestrandete, Suchtgefährdete und Neurotische. Da aber wirkliche Gemeinschaft unter Menschen die Gemeinschaft auch in der Erfahrung des Elends erfordert, ist unsere Zeit eine Epoche der Einsamen und Verlassenen geworden. Und da die Erfahrung Gottes mit der gemeinsam bestandenen Not und Schuld zu tun hat, ruft man in unserer Zeit so viel nach Gott, ohne eine Antwort zu hören.

Es gehört aber zum Wesen des christlichen Glaubens, dass er genau an diesen Stellen die Verbindung mit den anderen Menschen sucht, und zwar nicht nur mit Leidenden, sondern auch mit Schuldigen und denen, deren Schuld und Leid unentwirrbar verstrickt sind. Es gehört gleichsam zum christlichen Wohnen, dass das fremde Schicksal eintreten darf, dass die Türen nur angelehnt und nicht verschlossen sind. Es gehört der Wille dazu, sich lieber berauben zu lassen als die Tür zu schließen, Schicksale, Leiden, Sorgen, Ängste, Bosheiten, Zweifel und Unordnung anderer eintreten zu lassen wie Gäste, so weit die eigene Kraft reicht. Nicht die Kraft des Widerstehens, sondern die des Auffangens. Das Leben wird realer dabei. Es wird schwerer. Und es wird wesentlicher.

*

Indem wir durch den Nächsten gleichsam wie durch Luft hindurchschreiten, stürzen wir in den leeren Raum der Illusionen. Der Nächste steht uns in Wahrheit nicht »im Wege«, sondern er steht am Rand des Abgrunds als Schutzengel, der uns hindert, aus den Realitäten des Lebens hinaus in die Illusion zu gleiten.

Paul Schütz

Gott, draußen vor meiner Tür
leben Menschen.
Viele von ihnen warten auf mich.

Sie warten darauf, dass ich etwas für sie tue,
sie warten auf meine Geduld,
auf meinen Rat und mein Wort,
auf einen Brief oder einen Besuch.
Sie nehmen an,
ich hätte Zeit.
Zeit und viel Kraft.

Es gibt so viele, die mich brauchen,
so viele, die ich kennen sollte,
die mir begegnen und erwarten,
dass ich ihren Namen weiß.

Es gibt so viele,
die bei mir eine offene Tür suchen,
einen Stuhl und eine Stunde des Gesprächs.
Sie wollen, dass ich ihre Last mittrage,
die Last auch, die sie sich selbst sind.

Gott, ich bin ein Gast in deinem Haus.
Du hast mich aufgenommen,
du hörst mich und trägst mit mir meine Last.
Ich bin zu dir gekommen
und du erträgst mich.

Nun bringe ich dir alle,
die zu mir kommen.
Nimm sie und mich an
mit all ihrer und meiner Last.

Du bist der Gastgeber und das Haus.
Lass mich ruhen in dir und gib mir den Mut,
aufs Neue sie alle einzulassen,
damit sie, die mich suchen,
dich finden mögen.

Jeder ein Christus

Wer wirklich betet, löst sich von aller Betrachtung seiner selbst. Das Gebet macht die eigene Seele unwichtiger und die Menschen um uns her wichtiger. Wer das Gebet als eine Art autogenes Training versteht, als eine Übung der Seele, sich zu sammeln, zu erheben oder zu vergeistigen, sich zu beruhigen oder Kräfte zu erzeugen, wird merken, dass er nicht wirklich betet, sondern um sich selbst kreist. Er wird, wenn er durch seine Übungen Kräfte gewinnt, mit diesen neuen Kräften noch einmal mehr um sich selbst kreisen.

Wenn wir wirklich beten, finden wir in irgendeiner Weise eine »Kirche« vor. Wir finden Menschen und in den Menschen, um die wir uns kümmern, Christus. Welcher Art, welcher Tradition, welchen Bekenntnisses diese Kirche ist, ist zunächst ohne Bedeutung. Die Menschen um uns her sind Kirche. An ihnen werden wir betend lernen, wie sehr die Kirche Menschliches spiegelt im Guten und im Bösen. Aber wir werden auch erfahren, dass es sich lohnt, unsere besten Kräfte und Gedanken, unsere Zeit und unsere Freiheit in diese Kirche hineinzugeben.

Im Gebet lernen wir, dass Gott uns zu allen Menschen und nicht zu einer Auswahl gesandt hat. Wir werden Konfessionen nicht verachten, aber wir werden mit Gelassenheit durch sie hindurchgehen. Wir werden theologische Lehrmeinungen hören, aber wir werden sie nicht bewundern und nicht um sie streiten. Wir werden es nicht gar so wichtig nehmen, ob ein Mensch traditionell oder modern denkt, emotional oder rational. Wir werden uns selbst gegenüber klären, was und wie wir glauben. Wir werden versuchen, uns von Einseitigkeiten und Missverständnissen freizuhalten, aber wir werden unsere beste Kraft nicht damit verbrauchen. Denn es ist ein Irrtum, dass die Grundlage der Kirche ihr Bekenntnis sei. Grundlage der Kirche ist die Stimme und die Gestalt des Christus und sichtbar wird sie dort, wo einer dem anderen, wie Luther sagt, ein Christus ist. Allein wichtig an der Kirche ist darum, dass sie die Gemeinschaft des leiblichen Christus auf dieser Erde ist. Und beten heißt, in diesem leiblichen Christus praktisch zu leben.

Ich danke dir, Gott, dass ich nicht allein bin,
dass ich mein Elend nicht allein trage,
nicht meinen Unglauben und nicht meine innere Leere.

Denn wo ich am Ende bin,
steht das Geheimnis deiner Kirche vor mir.
Wo ich am nötigsten einen Tröster brauche,
stehst du in der Gestalt des Elenden
und verwandelst uns, die wir leiden, in Tröster,
unsere bittenden Hände in schützende.
Wo wir einsam sind, bist du nahe
in vielen Menschen
und deine Kirche beginnt zu wachsen
wie eine Blume in der Wüste.

Ich danke dir, dass ich nicht allein bin,
sondern die Nöte der anderen mittragen darf.
Ich danke dir, dass du nahe bist,
so weit das Elend reicht und die Stimme des Trostes.

Du warst ein Mensch unter den Leidenden.
Wandle uns, die wir leiden, in deine Gestalt,
dass wir den Leidenden nahe sind wie du.
Dass wir jeder ein Christus sind dem, der dich sucht.

Ich danke dir, dass wir alle ein Leib sind.
Ein Stück von dir.
Deine sichtbare Gestalt.
Deine Kirche. Dein Werkzeug.
Deine Hand. Dein Mund.

Wir danken dir, dass wir nicht allein sind.

*

Heilige sind Menschen,
in deren Wesen, Leben und Handeln
anschaulich wird, dass Gott lebt.

Nathan Söderblom

Das Gebet ist ein Lob Gottes.
Es kann ein Gebet der Liebe sein,
der Verzweiflung oder der Demut.
Ich wollte,
es wäre nur eines der Liebe.

André Gide

*

Jesus,
du hast ein großes Wort gesagt,
ein wunderbares,
einen starken Trost.

Du hast gesagt:
»Die Gesunden brauchen den Arzt nicht,
den brauchen die Kranken.
Die ihr böse nennt, sind nicht böse,
sie sind krank.
Ich bin nicht gekommen, die heimzurufen,
die schon zu Hause sind,
sondern die anderen,
die fern von Gott leben
und von den Menschen ausgestoßen sind,
damit sie umkehren und heimfinden.«

Die Stunde wissen

Ein Tag öffnet sich mir.
Ein neuer Tag.
Ich weiß nicht, ob ich erfüllen kann,
was er von mir fordert.
Aber gib du mir den Mut und den Willen,
ihn zu bestehen.
Geleite uns, segne uns.
Ich danke dir für deinen Tag.

Den Rhythmus entdecken

Alles geistige Leben – und erst recht alles geistliche – hat mit dem Körper zu tun und ist auf ihn angewiesen. Der Körper aber lebt in einem bestimmten Rhythmus von Wachen und Schlafen, Morgen und Abend, Tag und Nacht, Frühjahr und Herbst, und wer in ihm ein brauchbares Instrument haben möchte, muss diese Grundbedingung seines Lebens achten.

Er wird merken, dass auch der Geist leichter gehorcht, wenn man ihm erlaubt, den eigenen Rhythmus einzuhalten. Wenn ich mich darin üben will, morgens ein paar Minuten lang über ein Wort oder einen Liedvers nachzudenken, wird es mir besser gelingen, wenn es regelmäßig geschieht. Der Geist kann nur mit dem Körper zusammen tätig sein und bedarf wie dieser eines lebendigen Rhythmus.

Der Körper lebt im Februar anders als im Juni. Er lebt morgens um vier Uhr anders als nachmittags um fünf oder abends um zehn. Das ist bedeutsam auch für Geist und Seele. Morgen- und Abendstunden sind – geistig gesehen – durchaus nicht gleichwertig, wie es nicht gleichgültig ist, ob jemand mit leerem oder mit vollem Magen nachdenkt, ob er anderen Menschen ausgeschlafen entgegentritt oder abgehetzt. Beruhigungs- und Anregungsmittel helfen nicht viel, wenn sie nicht das Ab und Auf unterstützen, das im Körper ohnehin geschieht.

Um beten zu lernen, ist wichtig, bei sich selbst die Bedingungen zu entdecken, unter denen Körper und Geist dies am willigsten tun. Sie sind nicht bei allen Menschen dieselben, auch wenn mir scheint, dass bei uns heutigen Menschen aufs Ganze gesehen der späte Abend eine zu gewichtige Rolle spielt und der Morgen zu wenig genutzt wird. Die Zeit ist kein Kalender, sondern ein Fluss, eine ständige, sehr gleichmäßige Wellenbewegung, in der zu leben leicht oder schwer sein kann. Wer im Meer schwimmt, merkt, dass er sich eine Stunde lang mühelos hält, wenn es ihm gelingt, sich dem Rhythmus der Wellen einzufügen, dass er aber nach einer halben Stunde am Ende der Kräfte sein kann, wenn ihm dies nicht gelingt. Wer den Schritt seines Pferdes nicht aufnimmt, wird nie ein Reiter.

Worte zum Nachdenken:

Kaum etwas ist so verschieden wie das Zeitmaß, in dem die Einzelnen einer Sache innewerden, sich entscheiden und handeln. Der Langsame meint vom Raschen, er haste. Der Schnelle meint vom Bedächtigen, er säume. Wer weiß, ob sie im Himmel sich verstehen werden?

Der ärgste Feind der Zeit ist die Hast. Sie lässt nichts recht tun und macht darum Stück um Stück unserer Zeit zuschanden. Tue nie etwas in Hast und widersetze dich allem Drängen. Du willst, was du tust, recht tun. Tue aber alles, was du tust, in so wenig Zeit, als dir nur möglich ist. Du hast noch viel zu tun. Viele meinen, sie gewönnen Zeit durch Eilen und durch Abbruch am Schlaf. Auf die Dauer ist das sicher ein schwerer Irrtum.

Lebe so, als müsstest du morgen sterben, und lebe gleichzeitig so, als hättest du noch ungemessen Zeit. Den Worten nach ist das ein Widerspruch, in der Wirklichkeit geht es gut zusammen.

Wenn es sehr eilt, dann setz dich hin und tue einen Augenblick gar nichts. Es geht auch so.

Die Leute, die viel Wichtiges zu tun haben, finden immer noch Zeit für andere. Diejenigen, die ihre Zeit mit Nichtigem verspielen, haben nie Zeit. Mit fremder Zeit soll man immer sparsam umgehen.

Kannst du auch ein paar Tage ganz nach freier Wahl ausfüllen? Ich habe noch wenige gesehen, die es konnten. Dem, der sich Tag um Tag fröhlich geben lässt, was er mit seiner Zeit machen soll, dem ist das Los auf das Liebliche gefallen.

Wenn du Trost oder Hilfe oder Liebe geben kannst, dann räume mit kräftigem Arm alles auf die Seite, was dich hemmen will, und sei mit deiner Zeit ein Verschwender. Dann ist hohe Zeit.

»Er hat Zeit für mich gehabt.« Vor Gottes Thron wird kaum größeres Zeugnis von dir gegeben werden können.

Ludwig Köhler

Umgang mit der Zeit

Weißt du, warum du niemals innehältst?

Du meinst vielleicht,
es geschehe aus Verantwortungsgefühl,
weil du keine Zeit zu verlieren hast,
aus geringschätzender Ablehnung
all dessen, was dich hindert,
die flüchtige Lebenszeit
aufs Äußerste zu nutzen …

In Wirklichkeit verleugnest du
ganz einfach dich selbst,
indem du versuchst,
der Begegnung mit dir zu entgehen …

Hélder Câmara

*

»Meine Zeit steht in deinen Händen« (Psalm 31). Diese Zeile habe ich jetzt in dieser Krankheit gelernt und will sie korrigieren, denn ich bezog sie früher nur auf die Todesstunde. Sie soll aber heißen: In deinen Händen sind meine Zeiten, mein ganzes Leben, alle Tage, Stunden und Augenblicke.

Martin Luther

*

Und Jesus sagt:

Sorgt nicht für den kommenden Tag. Der wird für sich selbst sorgen. Es ist genug, dass jeder Tag seine eigene Mühe hat.

Matthäus 6,34

Schöpfer meiner Stunden und meiner Jahre,
du gibst mir viel Zeit.
Sie liegt hinter mir. Sie liegt vor mir.
Sie war mein, sie wird mein sein
und ich habe sie von dir.
Ich danke dir für jeden Schlag der Uhr.
Er ist ein Schritt auf deinem Weg mit mir.

Ich bitte dich nicht um mehr Zeit,
als du mir beschieden hast.
Ich bitte aber um viel Achtsamkeit,
den Anruf jeder Stunde zu hören.

Ich bitte dich, dass ein wenig meiner Zeit
frei ist von Befehl und Pflicht.
Ein wenig für Stille.
Ein wenig für das sorglose Spiel
und viel für die Menschen,
die einen Tröster brauchen.

Ich bitte dich um Sorgfalt,
dass ich meine Zeit nicht töte,
nicht verderbe oder vertreibe.
Jede Stunde ist ein Streifen Land.
Ich möchte sie öffnen mit dem Pflug,
möchte Liebe hineinwerfen,
Gedanken und Gespräche,
damit Frucht aus ihr wächst.
Segne du meinen Tag.

Morgen

Die großen Lehrer der Meditation und des geistlichen Lebens weisen uns immer wieder auf die erste Morgenstunde hin und sagen: Nimm den Anfang des Tages wahr, er ist die Stelle, an der du die Ewigkeit berührst.

In der Tat wäre uns in vielen Nöten und Krankheiten von Leib und Seele geholfen, wenn uns gelingen würde, die erste Morgenfrühe freizuhalten von Eile, Lärm und Ärger. Der Lauf des Tages hängt im Allgemeinen nicht von unseren persönlichen Vorstellungen ab. Er wird uns aufgezwungen. Aber der Anfang sollte uns gehören. Nach meiner Erfahrung ist der Morgen mehr die Stunde der seelischen Aktivität, der Phantasie, der originalen Gedanken und Einfälle, der Abend mehr die Zeit des Aufnehmens, der Gefühle und Stimmungen. Wieviel Eigenes wir dem Zwang und der Überfremdung des Tages entgegenzubringen haben, entscheidet sich in seiner Frühe.

Zwei Gedanken rahmen den Tag: Am Morgen denken wir dem Wort »Liebe« nach, das den Willen ordnet, die Phantasie beflügelt und die Tat vorbereitet. Am Abend erwartet uns das Wort »Frieden«, das Missmut auffängt und Enttäuschung, Müdigkeit und Überreiztheit. Morgens könnten wir dem Wort Jesu nachgehen: »Ich komme vom Vater«, abends sein Wort aufnehmen: »Ich gehe zum Vater.« Dazwischen liegt ein Tag, an dem er uns auf dieser Erde begleitet. Am Ende folgt eine Nacht, in der wir mit ihm heimkehren in das »Haus des Vaters«. Dann mag der Tag wichtig sein oder unwichtig, schön oder voller Last, wir fassen ihn ein in die Liebe und den Frieden Christi und legen am Ende alles, was gewesen ist, in seine Hand.

*

Johannes erzählt von der Erscheinung Jesu am See in der Osterzeit, die wir in der Frühe bedenken können:

»Als es aber Morgen wurde, stand Jesus am Ufer. Er sprach zu ihnen: Werft das Netz über die rechte Seite des Boots, dann werdet ihr etwas finden. Sie taten es und konnten das Netz wegen der Last der Fische nicht mehr einholen.«

Johannes 21,4.6

Gott, ich preise dich,
du bist der Morgen und der Abend,
der Anfang und das Ende der Zeit.
Dir danke ich für die Stunden
im Licht eines neuen Tages.
Leib und Seele sind dein,
von dir ist alles, was geschieht.

Herr, Jesus Christus, du Licht der Welt,
du bist der Weg, den ich heute gehe,
du bist die Wahrheit, die mich leitet,
du bist das Leben, das ich finde.
Gib mir deine Liebe,
dass ich dich wiederfinde in den Menschen.
Gib mir Geduld und Gelassenheit
und bewahre mich in deiner Liebe.

Du schöpferischer Geist,
wecke meine Sinne und Gedanken,
gib mir Fantasie und Klarheit,
ein empfindliches Gewissen,
das rechte, helfende Wort
und das sorgsame Tun,
dass ich etwas Nützliches schaffe
und dieser Tag nicht verloren sei.

Heiliger Gott,
was du mir schickst, will ich annehmen,
Erfolg und Misserfolg, Freude und Mühsal.
Ich bitte dich für alle,
die diesen Tag mit Sorge beginnen,
mit Angst oder Schmerzen.
Begleite uns, schütze uns, bewahre uns.
Ich danke dir für deinen neuen Tag.

*

Es segne und behüte uns Gott,
der Allmächtige und Barmherzige,
Vater, Sohn und heiliger Geist.

Tagsüber

In der christlichen Tradition hat sich eingebürgert, den Tag vom Morgen- und Abendgebet und vom Tischgebet her zu gliedern. Das Tischgebet ist gut, aber fast nirgends mehr wirklich ein Gebet. Es könnte heute hilfreich sein, den Tag über sich immer wieder zu sammeln und eine Minute lang einfach Gott »gegenüber zu sein«, ohne viel zu reden. Wir brauchen Gott ja nicht mitzuteilen, was in dieser Stunde um uns her geschieht oder welchen Schwierigkeiten wir in diesem Augenblick ausgeliefert sind. »Euer Vater weiß, was ihr braucht, ehe ihr ihn bittet«, sagt Jesus. Wir brauchen ihn nicht daran zu erinnern, dass wir da sind, oder ihn aufzufordern, uns zu hören. Wichtig ist, ein paar Augenblicke »mit ganzem Herzen, mit ganzer Seele und allen Kräften« in seiner Gegenwart da zu sein, und wenn uns ein Wort dabei helfen kann, dann sollte es so kurz und einfach sein, dass wir es – ohne es nachlesen zu müssen – zwei- oder dreimal sagen können, bis wir ganz »in diesem Wort« sind. Und zuletzt käme es darauf an, wieder mitten in der Arbeit zu sein, ohne die Gegenwart Gottes zu vergessen.

*

Der Mensch soll seine Arbeit einfach und nüchtern tun. Er soll dabei der bleiben, der er ist, und soll Gott in sich hereinnehmen und oft vor ihm gegenwärtig sein, innig und gesammelt. Und so lerne er Gott in das Werk tragen.

Johannes Tauler

Es ist viel schwerer, einen Tag von Anfang bis Ende in voller Aufmerksamkeit durchzuhalten als ein Jahr in großen Absichten und hochfliegenden Plänen.

Christian Morgenstern

Als ein Schüler dem Gerer Rabbi klagte, dass er unablässig lerne, bete, sich mühe, gut zu sein und Gutes zu tun, und dennoch nicht merke, dass er dadurch wahrhaft Gott näherkomme, antwortete dieser: »Es ist im Namen Elijas gelehrt: Der Mensch nehme den Willen Gottes auf sich wie ein Ochs sein Joch und ein Esel seine Last. Sieh, wie der Ochs des Morgens aus dem Stall auf das Feld geht und pflügt und heimgeführt wird, und so Tag um Tag und nichts ändert sich ihm, aber das gepflügte Feld bringt seine Frucht.«

*

Irgendwann am Tag:

Es sind viele Menschen um mich. Irgendwo in der Stadt, in der Bahn oder im Büro. Und ich bleibe stehen und denke: »Der Friede Gottes, welcher höher ist als alle Vernunft, bewahre unsere Herzen und Sinne in Christus Jesus, unserem Herrn.«

Ich schließe am Arbeitsplatz für eine halbe Minute die Augen und sage: »Vater im Himmel, dein Wille geschehe.« Oder: »Dein ist das Reich und die Kraft und die Herrlichkeit in Ewigkeit. Amen.« Oder: »Nichts kann uns scheiden von der Liebe Gottes, die uns in Christus begegnet.«

Ich gehe zu einer schwierigen Besprechung. An der Tür, ehe ich eintrete, nehme ich die Klinke in die Hand und sage: »Christus spricht: Ich bin die Tür«, und trete dann ein.

*

Simone Weil schreibt über das Vaterunser:

Dieses Gebet enthält alle je möglichen Bitten. Man kann kein Gebet ersinnen, das nicht schon darin beschlossen wäre. Es ist unmöglich, es einmal zu sprechen und dabei auf jedes Wort die ganze Aufmerksamkeit zu richten, ohne dass in der Seele eine vielleicht unendlich kleine, aber tatsächliche Veränderung bewirkt wird.

Abend

Am Abend suchen wir den Frieden. Wir suchen die Güte Gottes nach allem Streit. Seine Geduld nach aller Eile. Nicht was wir sagen, ist dabei wichtig, sondern was wir hören. Nicht was wir mitbringen, sondern was wir empfangen. Denn das Gebet ist mehr als nur ein Sprechen. Es ist ein Sein, ein Leben in Gott. Es ist Bewahrung, Geborgenheit und dann – wenn es sich fügt – auch ein Reden des Herzens oder des Geistes mit dem so nahen Gott.

*

Gott,
du allein weißt, was dieser Tag wert war.
Ich habe vieles getan und vieles versäumt.
Ich habe vieles versucht und vieles nicht vollendet.
Ich habe aus Unglauben gehandelt und entschieden
und bin den Menschen viel Liebe schuldig geblieben.

Ich möchte allen vergeben, die mir Unrecht getan haben.
Ich möchte von allem Hass, allem Neid
und aller Verachtung frei sein.
Vergib du auch mir alle meine Schuld.
Ob dieser Tag Frucht gebracht hat, weiß ich nicht.
Du allein siehst es.
Du allein kannst meine Mühe segnen.

Gott, ich kann dir nichts geben
zum Dank für diesen Tag,
als dass ich den kommenden aus deiner Hand nehme.
Gib mir einen neuen Tag und verlass mich nicht.

Ich danke dir in dieser Abendstunde
dafür, dass du mich heute behütet hast.
Behüte alle, denen ich heute begegnet bin,
gib das Licht deiner Liebe allen, die ich liebhabe,
und allen, deren Last ich tragen soll.

Dein bin ich im Licht des Tages und im Dunkel der Nacht,
bis du mich heimrufst in deinen Frieden.

Unser Abendgebet steige auf zu dir, Herr,
und es senke sich auf uns herab dein Erbarmen.
Dein ist der Tag und dein ist die Nacht.
Lass, wenn des Tages Licht verlischt,
das Licht deiner Wahrheit uns leuchten.
Geleite uns zur Ruhe der Nacht
und dereinst zur ewigen Vollendung
durch unseren Herrn Jesus Christus.

Kirchengebet

*

Bleibe bei uns, Herr,
denn es will Abend werden
und der Tag hat sich geneigt.

Bleibe bei uns und bei allen Menschen.
Bleibe bei uns am Abend des Tages,
am Abend des Lebens, am Abend der Welt.

Bleibe bei uns mit deiner Gnade und Güte,
mit deinem Wort und Sakrament,
mit deinem Trost und Segen.

Bleibe bei uns, wenn über uns kommt
die Nacht der Trübsal und Angst,
die Nacht des Zweifels und der Anfechtung,
die Nacht des bitteren Todes.

Bleibe bei uns und bei allen deinen Kindern
in Zeit und Ewigkeit.

Georg Christian Dieffenbach

*

In deine Hände befehlen wir unseren Geist.
Du hast uns erlöst, Herr, du treuer Gott.
Bewahre uns in dieser Nacht nach deiner Gnade,
beschirme uns unter dem Schatten deiner Flügel.
Gepriesen sei, der da war und der da ist
und der da kommt.
Lob und Preis sei ihm in Ewigkeit. Amen.

Kirchengebet

In der Nacht

Der Wechsel von Tag und Nacht hat für uns nicht mehr die elementare Bedeutung, die er für unsere Vorfahren hatte. Der Abend bringt nicht unbedingt das Ende unserer Arbeit. Die Nacht hat nichts Bedrohliches mehr. Der Morgen beginnt ohne Rücksicht auf den Aufgang der Sonne. Immer mehr scheint es nötig zu werden, dass wir wenigstens in den kurzen Wochen des Urlaubs dann und wann auch die Erfahrung der Nacht machen. Von einer Almweide aus könnte man eine Stunde lang oder zwei das Wandern der Sterne beobachten. Sich die Namen von einigen Sternbildern einprägen und ihren Weg verfolgen. Man könnte überlegen, dass diese Sterne unter dem Horizont weiter kreisen. Und dann stelle man sich deutlich vor, dass nicht die Sterne sich bewegen, sondern die Erde sich dreht, wir uns also nicht unter einer Kuppel befinden, sondern einen wechselnden Ausblick haben in einen nach allen Seiten unendlichen Raum. Es ist eine Meditationsübung von hoher Bedeutung.

Wir könnten dabei auch verstehen, wie zufällig wir das Jahr über jeden Abend in den Schlaf hineingeraten, wie haltlos und ungeordnet wir uns in die geheimnisvolle, elementare Welt der Träume hineintreiben lassen. Es ist nicht nur eine Sitte, die man auch preisgeben dürfte, sondern eine unentbehrliche Hilfe zum Frieden, abends mit einem guten Wort einzuschlafen und morgens mit ihm aufzuwachen.

Bleibe bei uns und behüte uns
in den schweigenden Stunden der Nacht.
Müde sind wir von viel Mühe und Sorge.
Lass uns ruhen in dir. Amen.

Heiliger Gott,
gib uns den Frieden der Ewigkeit,
den Morgen ohne Abend, das Licht ohne Nacht.

Die Zeit berührt dich nicht,
aber du gibst die Zeit.
Gib uns Frieden im Kreisen der Tage und Jahre
und den Frieden am Ende der Zeit.

*

Ich bitte dich für alle Menschen,
die den Tag im Streit beendet haben.
Zeige uns allen Wege zum Frieden auf dieser Erde.

Ich bitte dich für alle, die jetzt arbeiten,
für alle, die auf den dunklen Straßen fahren,
für alle, die mit Kranken wachen.

Ich bitte dich für alle, die keinen Schlaf finden,
für die Trauernden und die Schwermütigen,
die Verlassenen und die Gefangenen.

Du wachst, Gott, mit den Wachenden.
Du bist der Schlaf der Schlafenden
und das Leben der Sterbenden.

*

Gott, du hast uns geschaffen zu dir
und unser Herz ist unruhig,
bis es Ruhe findet in dir.

Dein ist das Licht des Tages.
Dein ist das Dunkel der Nacht.
Das Leben ist dein und der Tod.
Ich selbst bin dein und bete dich an.

Lass mich ruhen im Frieden,
segne den kommenden Tag
und lass mich erwachen, dich zu rühmen.

Schluss der Woche

Der Tag ist vergangen. Unser Werk ist vollbracht.
Eine Woche geht zu Ende. Es ist Abend;
lasst uns stillhalten, denn Gott ist nahe.

Unser Gott, auf dem letzten Weg dieser Woche
suchen wir deinen Frieden.
Nimm von uns die Hast unserer Arbeit,
die Unrast unserer Gedanken,
die Angst unseres Herzens,
denn wir wollen frei sein für deine Liebe,
offen für dein Licht,
bereit für dich, der so nahe ist.

Du hast uns die Gnade verliehen,
unter deinem Schutz diese Woche zu vollenden.
Wir danken dir für alles Gelingen
und bitten dich um deinen Segen.

Du kennst die dunklen Stunden,
die wir verbergen möchten,
und es ist doch nichts verborgen vor dir.
Hilf uns, der Wahrheit standzuhalten.

So bekennen wir vor dir,
dass wir Unrecht getan haben
in Gedanken, Worten und Werken,
in der Trägheit des Herzens.
Wir sind vielen viel schuldig geblieben.
Wir haben unsere Zeit verbraucht, als gehörte sie uns.
Wir haben unsere Kräfte für Unwichtiges vergeudet
und unser Glück an uns gerissen,
als hätten wir nicht zu danken.

Wir bitten dich: Erbarme dich unser.
Vergib uns Lieblosigkeit und Unglauben
und alle Schuld an dir und den Menschen
und lass uns heimkehren zu dir,
heute und an jedem unserer Tage.

Nach einem Kirchengebet

Du Geber aller Freude und allen Glücks,
du Sonne dieser Welt und der Welt, die kommt!
Ich danke dir für jeden schönen Tag,
für jeden glücklichen Augenblick,
für jede Stunde fröhlichen Schaffens,
für alle meine Aufgaben,
alle Begegnungen und Erfahrungen.
Ich danke dir für dieses reiche Leben.

*

Bleibe bei mir auch in der kommenden Woche.
Lass mich eines lernen, heiliger Gott:
dass ich kein Übermensch bin.
Meine Kräfte haben Grenzen
und vieles bleibt unfertig
an meinem Werk und an mir selbst.
Das lass mich lernen:
dass vieles in dieser Welt nicht fertig zu werden braucht.

Hilf mir, Ja zu sagen
zu meiner Schwäche und zur Kürze der Zeit.
Und dazu, dass ich entbehrlich bin.

Das lass mich lernen:
einen Tag im Frieden zu beenden oder eine Woche,
damit ich lerne, einmal zu sterben.

Vielleicht war dies einer meiner letzten Tage.
Ich möchte wach sein,
wenn meine Zeit sich ihrem Ende zuneigt.
Rufe du mich, wann immer du willst.

*

Nichts sind wir ohne dich, Gott.
Voll Angst sind wir, wenn du schweigst.
Unser Trost ist, dass du uns nicht verlassen wirst.
Dein sind wir, ewiger Gott,
heute und morgen und in Ewigkeit.

Sonntag

Nach alter Sitte soll man den Sonntag heiligen, das heißt von Arbeit freihalten, und den Gottesdienst mitfeiern. Die Sitte verliert von Jahr zu Jahr an prägender Kraft, auch für Christen. Wir brauchen den zerstörten Sonntag von heute nicht zu verurteilen, der aus Schlaf, Langeweile, Spaziergang und Fernsehen besteht oder aus fortgesetzter Arbeit, die in der Woche nicht fertig wurde. Es genügt, dass wir unsere eigene Woche prüfen. Woher kommt es, dass der Gottesdienst nur selten noch die Kraft hat, einem Sonntag das Gesicht zu geben oder gar in eine Woche hineinzuwirken? Vielleicht daher, dass wir dem Sonntag zumuten, alles aufs Schnellste zu reparieren, was in der Woche vorher fahrlässig verdorben wurde. Vielleicht daher, dass der Sonntag der christlichen Tradition seinen Sinn hatte im Zusammenhang einer Woche, in der es jeden Tag ein Mittagläuten und einen Abendsegen gab.

Unser Sonntag ist überfordert. Ein Arzt heilt nicht in einer Woche, was an einem Körper in zehn Jahren gesündigt wurde. Sechs Stunden Nachtschlaf gleichen die Rastlosigkeit der übrigen achtzehn nicht aus. Vier Wochen Urlaub füllen die Kräfte nicht auf für elf hastige Monate. Eine Stunde Gottesdienst sammelt den nicht, der eine Woche lang fahrig und zerrissen gelebt hat. Die besten Predigten und die schönste Liturgie können das nicht erreichen.

Ob der Sonntag seinen Sinn behält, entscheidet sich in den Werktagen. Ob wir den Werktag bewältigen, hängt daran, ob wir Zeiten kennen, in denen wir wirklich zu Stille und Sammlung, zum Hören und Nachdenken, Beten und Feiern kommen. Vielleicht kommen wir eines Tages so weit, dass wir uns alle vier Wochen zwei ganze Tage zurückziehen, irgendwohin, wo im Rahmen einer geistlichen Gemeinschaft konzentriert gelebt wird, wie ja evangelische und katholische Orden stille Tage anbieten für gehetzte Menschen von heute.

Was aber unseren Sonntag betrifft, so könnten wir dem Gottesdienst eine breitere Grundlage geben, einen Zusammenhang mit dem übrigen Tag, durch das Gebet am Morgen und das Gebet am Abend.

In der Frühe suche ich dich,
wunderbarer und heiliger Gott:
Licht du! Ewiger Glanz! Schaffende Kraft!
Ich danke dir für deinen Tag.

Du schaffst Licht in der Finsternis,
Frieden in den Traurigen, Trost in den Schwermütigen,
Klarheit in den Verwirrten, Leben in den Schwachen.
Schaffe Licht auch in mir in der Frühe dieses Tages.
Dein Wort ist das Licht. Rede zu mir.
Deine Wahrheit ist das Leben,
schaffe Leben in mir,
dass ich den Tod nicht fürchte.

Ich bitte dich um Licht für alle Menschen,
die Guten und die Bösen,
um Frieden bitte ich dich für eine friedlose Welt,
um Erbarmen für eine Welt des Hasses
und der Armut der Herzen.
Sei du uns nahe, damit wir dir nahe sind.
Heile uns, geleite uns, segne uns.
Wir danken dir für deinen Tag.

*

Gütiger Gott,
lass schweigen, was du nicht selbst in mir redest,
lass stillstehen, was du nicht selbst bewegst,
nimm die Stelle ganz ein, die jetzt ich bin,
und tue in mir und durch mich, was dir gefällt.

Lass dieses Ich untergehen
und sei du allein alles in allem.
So führe mich ganz aus mir selbst
und aus dem Meinen heraus in dich,
o mein Gott, mein Ursprung und mein Ende.

Dann bin ich nicht mehr im Schein,
sondern im Wesen, von allem Übel erlöst und frei,
ehre dich und verherrliche dich allein. Amen.

Nach Gerhard Tersteegen

Rückblick auf ein Jahr

Ein Gebet aus Ghana:

Herr,
Allmächtiger,
Unendlicher, Schöpfer, Vollender,
ein Jahr ist für dich nur ein Augenblick.
Doch für uns
ist es 365 Tage lang,
breit und tief,
unüberschaubar.

Herr,
jedes Jahr ist vollgepackt für uns,
im Voraus,
mit Gutem und Bösem.
Du bist der Herr des Jahres,
wir sind bangende Knechte der Zeit.

Herr,
doch eins ist wahr,
jedes Jahr
bringt uns näher zu dir.
Menschen werden älter
mit jedem Jahr,
doch Christen werden jünger.

Ein Jahr liegt hinter uns,
abgefahren.
Straße schnurgerade durch Savannen,
Kurven über steile Hügel,
Schlaglöcher, Pannen,
verpasste Anschlüsse und Gelegenheiten.

Herr,
wegen dieser verpassten Gelegenheiten
könnte ich verzweifeln,
wenn du nicht vergeben würdest.

Herr,
jeden Tag ist deine Gnade neu,
seit dem Regenbogen,
und deine Güte
seit Jesus Christus.
Der Teufel
und seine Gefährten
schleppen sich durch die Jahre,
werden elender mit jedem Tag;
doch wir wachsen mit deiner Sonne,
mit deinem Geist.

Herr,
wie du die Haare auf meinem Kopf
gezählt hast,
so hast du auch meine Tage gezählt,
die Minuten und Sekunden.

Herr,
um Gesundheit bitte ich dich,
um etwas mehr Geld,
um Hunger auf dein Wort,
um dein Wort bitte ich dich.
Amen.

*

Herr, gib mir die Kraft,
alles zu tun, was du von mir verlangst.
Dann verlange von mir,
was du willst.

Augustinus

Gegenwärtig sein

Es ist schon längere Zeit her. Fahrzeug hinter Fahrzeug in dichter Folge auf beiden Spuren der Autobahn, mit hoher Geschwindigkeit. Da tauchte für zwei Sekunden ein Bild auf, das sich mir eingegraben hat: Eine schmale, dunkle Katze saß auf dem weißen Strich zwischen den heulenden Kolonnen, den Hals vorgestreckt, die Augen geschlossen. Wie aus einem Wasserhahn lief das Blut aus ihrem Maul, ein dünnes, zitterndes Rinnsal. Dann war sie hinter mir – vor den Augen anderer Fahrer.

Was sollte ich tun? Anhalten? Zurückgehen, den Verkehr unterbrechen und das Tier ins Gras legen? Ich fuhr weiter und natürlich hielt auch hinter mir niemand an. Man kann ja nicht überall, wo Angst, Schmerz oder Klage sind, anhalten, zurückgehen und den Lauf der Dinge unterbrechen, um irgendetwas zu tun, von dem man nicht einmal sicher ist, dass es Sinn hat.

Das Bild blieb mir im Gedächtnis nicht nur wegen der Katze, sondern wegen uns Christen. Das Leben, die Arbeit und das Vergnügen laufen bei uns, die Panzer, die Kultur und die Fernlastzüge laufen. Und dann begegnet man einer Notiz über ein Erdbeben, eine Überschwemmung, einen Krieg, man sieht auf einem Plakat ein hungerndes Kind, Flüchtlinge auf irgendeinem Boot oder eine Frau vor einem zerstörten Haus. Man sieht das Bild und – fährt weiter.

Was soll man auch tun? Niemand kann von uns verlangen, dass wir überall helfen. Das Leben hat sein eigenes Gesetz. Und zudem: Was will die Katze auf der Autobahn? Warum stürzen sich die Menschen überall auf der Welt in regionalen Konflikten selbst in neues Unheil?

Aber die Bilder nimmt uns niemand ab. Unsere Welt ist unteilbar. Sie ist gegenwärtig von einem Ende zum anderen. Wer beten will, tut es – ob er es sich deutlich macht oder nicht – angesichts einer Welt voller Tatsachen und Geschehnisse, die ihn betreffen. Er betet mit den Bildern vor Augen, die sich ihm darbieten, als Mensch zwischen Menschen – politisch sozusagen – oder er verfehlt seinen Platz vor Gott.

Christus, du hast gesagt:
»Ihr seid das Licht der Welt.
Man setzt ein Licht nicht unter einen Kessel,
sondern auf einen Leuchter, damit man es sieht.«
Aber wir haben Mühe,
in unsere eigenen Kammern Licht zu bringen,
und in uns selbst ist viel Dunkelheit.
Du bist das Feuer.
Du bist das Licht und die Wahrheit.
In dir sehen wir unseren Auftrag.
Lass uns in dir mitbrennen,
dass wir von deiner Liebe zehren
und deinen Frieden leuchten lassen
bis zum letzten, fernsten Menschen.
Niemand von uns kann das allein.
Aber wir alle, wenn wir in dir leben,
sind das Licht der Welt.

*

Während eine verschwindend kleine »Weltelite« unvorstellbaren Reichtum anhäuft, leben mehr als 1,4 Milliarden Menschen in extremer Armut. Etwas läuft grundlegend falsch, wenn das Vermögen der drei reichsten Menschen der Welt größer ist als das Bruttoinlandsprodukt der 48 ärmsten Länder. Unwirksame Regelungen, innovative aber ethisch unverantwortliche Finanzinstrumente, verzerrte Vergütungsstrukturen und andere systemische Faktoren, die noch durch Habgier verschärft werden, lösen globale Finanzkrisen aus, die Millionen von Arbeitsplätzen vernichten und Millionen und Abermillionen von Menschen in die Armut treiben. Die Ausweitung der sozioökonomischen Kluft innerhalb und zwischen Nationen wirft schwerwiegende Fragen hinsichtlich der Wirksamkeit der marktorientierten, wirtschaftlichen Liberalisierungspolitik bei der Beseitigung von Armut auf und stellt das Streben nach Wachstum als vorrangigem Ziel jeder Gesellschaft in Frage. Übermäßiger Konsum und Entbehrung sind Formen der Gewalt.

Ökumenischer Rat der Kirchen 2011

Fürbitte

Wer betet, empfindet unmissverständlich, dass er in dem Maß mit Gott eins ist, in dem andere Menschen ihm am Herzen liegen. Er sagt: »Unser Vater im Himmel«, und nicht »mein Vater«.

Fürbitten heißt, alle zu Gott mitnehmen, die uns am Herzen liegen – alle, die wir kennen, oder alle, von denen wir wissen, dass sie eines Menschen bedürfen, der sie vor Gott hin mitnimmt. Es heißt aber auch: diesen Menschen selbst näherkommen. Es gibt nicht nur ein Kennen von Mensch zu Mensch, sondern auch ein Kennen auf dem Umweg über die Augen Gottes. Das Licht Gottes fällt gleichsam auf das Gesicht des Menschen neben mir und macht es klarer, deutlicher, verständlicher. Fürbitten heißt auch: die Gnade empfangen, lieben zu können. Indem ich mit einem anderen Menschen zusammen vor Gott stehe und er mir verständlicher wird, entsteht Liebe zu ihm. Ich beginne, mit ihm zu leben, mich mit ihm zu ängstigen, mit ihm zu trauern, mich mit ihm zu freuen, mit ihm zu hoffen.

Fürbitten heißt nicht immer, füreinander bestimmte Bitten auszusprechen. Paulus sagt manchmal statt fürbitten auch: »Ich gedenke euer in meinem Gebet« (Philipper 1). Man wird, statt für Menschen zu bitten, manchmal einfach in Gedanken bei ihnen verweilen und sie so ins Gebet mitnehmen. Man wird einen weiten Bogen ziehen um alle, die unseres Gedenkens bedürfen, und sie vor Gott nennen.

Fürbitten heißt aber auch: sich bereit machen zu einem bestimmten Tun. Man gedenkt eines Menschen und seiner Not und sucht vor Gott nach Klarheit über die Hilfe, die hier nötig ist. Man bereitet sich auf die Tat vor. Hier ist allerdings wesentlich, dass unsere Wörter deutlich bleiben. Solange wir von »Gebet« sprechen, meinen wir nicht Diskussion, nicht Planung, nicht Aktion. Wir meinen Gebet. Und beten ist etwas anderes als nachdenken, arbeiten oder protestieren, auch wenn wir im Gebet für *andere* beten oder Klarheit suchen über das praktische Handeln, für das Gewissen und unsere Entschlüsse.

Ich bin reich an allem,
was ich zum Leben brauche.
Ich gedenke aller, die im Elend leben.

Ich habe keinen Mangel an Kleidern.
Ich gedenke aller Frierenden
und aller Ungeschützten.

Ich habe Schuhe an meinen Füßen
und gedenke aller nackten Füße
auf den Straßen und im Staub dieser Welt.

Ich bin gesund und habe einen Arzt.
Ich gedenke der Kranken
und aller, die sterben, weil niemand ihnen hilft.

Ich lebe im Frieden
und gedenke aller, die zertreten und zerrissen werden
durch die Maschine des Krieges.

Ich stehe vor dir, Gott, als dein Kind.
Aller derer gedenke ich, die verzweifeln,
weil sie dich nicht kennen,
dich, den Liebhaber aller Menschen.

*

Die Kirche hat nur zu tun, was zu ihrem eigentlichen Auftrag gehört, und nichts, was sie wirklich zu tun hat, ist etwas »Uneigentliches«. Es gibt hier nicht eine Unterscheidung von Hauptsache und Nebensache, sondern höchstens eine von Zentrum und Peripherie. Im Zentrum steht der Glaube, auf der Peripherie liegen die Werke: im Zentrum das Evangelium, auf der Peripherie die Politik; im Zentrum das Heil, auf der Peripherie das Wohl des Nächsten. Auf der Peripherie kommt an den Tag, was im Zentrum geschehen ist.

Helmut Gollwitzer

Bescheid wissen

Wer für andere Menschen bittet, kann dies tun, auch wenn er sie nicht kennt. Es wurde zwar manchmal gesagt, ein Gebet habe nur Sinn, wenn ihm genaue Sachkenntnis zugrunde liegt oder eine zutreffende Nachricht das Thema vorgibt. Aber das würde bedeuten, dass das Gebet eines Einsamen oder Einsiedlers oder das Gebet einer Mutter für ihr entferntes, unerreichbares oder entfremdetes Kind sinnlos wäre. Man kann für Menschen in Not bitten, ohne Einzelheiten dieser Not zu kennen, und verlässt sich darauf, dass Gott sie kennt.

Information ist dagegen unentbehrlich, wenn wir handeln wollen oder gerecht urteilen über Notstände oder über die Schuld beteiligter Menschen.

Dass beides verbunden werden soll – das Gebet und die verändernde Tat – kommt in einem Wort zum Ausdruck, das im geistlichen Leben der französischen Kirchen geprägt wurde: »révision de vie«. Das bedeutet »Klärung des Lebens« und »Veränderung des Lebens« zugleich. Das Wort deutet eine neue, im Zeitalter weltweiter Vernetzung mögliche Form der Frömmigkeit an: Eine Gemeinschaft von Christen klärt und durchleuchtet ein bestimmtes Ereignis, eine Erfahrung, einen Zustand und macht sich verantwortlich für die Hilfe, die nun erfolgen muss. Sie vergleicht, was vorliegt und was geschehen soll, mit der Heiligen Schrift und erfüllt die selbstgesetzte Aufgabe gemeinsam. Sie geht von der Überzeugung aus, dass es keine Grenze gibt zwischen Gebet und Tat, keine Trennung zwischen religiösem und profanem Leben, und bezieht das Gebet unmittelbar auf die Praxis. Das Gebet bleibt Gebet und die Tat ist konkret und überlegt. Das Gebet bleibt hart an den Tatsachen und nahe an den Menschen. Es findet ein klares Wort und gerät doch nicht so leicht in die Nähe der Phrase.

Freilich wird man seiner Information gegenüber vorsichtig sein. Man wird sagen: Wenn ich mich täusche, dann rücke du zurecht, was ich bitte. Und man wird auch, wenn man genau weiß, was man will, hinzufügen: Nicht mein, sondern dein Wille soll geschehen.

Von den 7 Milliarden Menschen, die um das Jahr 2012 auf der Erde leben, hat jeder Achte zu wenig zu essen. 100 Millionen Kinder sind unterernährt und jährlich verhungern fast 3 Millionen Kinder unter 5 Jahren: sechs Kinder in jeder Minute.

Die weltweit produzierten Nahrungsmittel würden ausreichen, sie alle zu ernähren. Aber der Landbesitz konzentriert sich immer mehr in den Händen weniger Reicher, die über die Nutzung des Bodens und seiner Erträge entscheiden. Zum Beispiel gehören in Paraguay drei Viertel des Landes weniger als einem Prozent der Bevölkerung und 40 Prozent der Kleinbauern besitzen zusammen nur ein Prozent des Bodens. In anderen Ländern Lateinamerikas sind die Verhältnisse ähnlich.

Gleichzeitig sterben in jeder Minute sieben Kinder an Folgen verseuchten Wassers, denn mehr als eine Milliarde Menschen haben keinen Zugang zu sauberem Trinkwasser. Voraussichtlich werden es in zehn Jahren fast doppelt so viele sein und im Jahr 2050 wird mehr als die Hälfte der Menschen akute Wassernot leiden, wenn sich nichts grundsätzlich verändert.

Hinter den Zahlen der Vereinten Nationen stehen Menschen, die ich mir vorzustellen versuche:

Die Mutter in der Blechhütte bei Bogotá.
Das Kind auf der Mülldeponie von Kairo.
Das Mädchen mit seinem Krug braunen Wassers.
Den Tagelöhner in der Vorstadt von Manila.
Ich denke an sie, wenn ich zu Gott spreche.

Weltweites Elend

»Vater unser der du bist im Exil
fast nie erinnerst du dich der Meinen
wer immer du seist und wo du auch bist
geheiligt werde dein Name
nicht aber der Name derer
die deinen Namen heiligen
indem sie die Augen schließen
um nicht die schmutzigen
Nägel des Elends sehen zu müssen ...«

So dichtet Mario Benedetti in seinem »Lateinamerikanischen Vaterunser«, und es sollte der Christenheit unbehaglich werden, wenn irgendwo auf dieser Erde so gebetet werden muss. Sie wird sich in den Kreis derer stellen müssen, die so beten.

*

Ist es erlaubt oder überhaupt möglich, jenen Prozess der »Einswerdung der Welt« wieder rückgängig zu machen, der vor Jahrhunderten durch die europäische Kolonisation der Welt eingeleitet wurde und der durch die Entkolonisierung der letzten Jahrzehnte in die entscheidende Phase seiner Vollendung eingetreten ist? Ist es nicht reine Heuchelei, wenn heute Europa den Unabhängigkeitswillen der ehemaligen Kolonien zum Vorwand nimmt, diese ihrem Schicksal zu überlassen, das nach Lage der Dinge nur in fortschreitender Verelendung und innerer Zersetzung bestehen kann?

Heinrich Krauss

*

Dienst am Rest der Menschheit kann – was unser Gebet betrifft – heißen, dass wir den verzweifelten Schrei nach Gott hören, der sich in solchen Gebeten verbirgt: den Schrei nach dem Menschen, der an Gottes Stelle handeln soll.

Mein Gott, mein Gott – warum hast du mich verlassen?
Ich bin zur Karikatur geworden,
das Volk verachtet mich.
Man spottet über mich in allen Zeitungen.

Panzerwagen umgeben mich.
Maschinengewehre zielen auf mich,
elektrisch geladener Stacheldraht schließt mich ein.
Jeden Tag werde ich aufgerufen,
man hat mir eine Nummer eingebrannt
und mich hinter Drahtverhauen fotografiert.
Meine Knochen kann man zählen wie auf einem Röntgenbild,
alle Papiere wurden mir weggenommen.
Nackt brachte man mich in die Gaskammer
und man teilte meine Kleider und Schuhe unter sich.

Ich schreie nach Morphium und niemand hört mich.
Ich schreie in den Fesseln der Zwangsjacke,
im Irrenhaus schreie ich die ganze Nacht,
im Saal der unheilbar Kranken,
in der Seuchenabteilung und im Altersheim,
in der psychiatrischen Klinik ringe ich schweißgebadet
mit dem Tod.
Ich ersticke mitten im Sauerstoffzelt.
Ich weine auf der Polizeistation,
im Hof des Zuchthauses,
in der Folterkammer und im Waisenhaus.
Ich bin radioaktiv verseucht,
man meidet mich aus Furcht vor Infektion.

Aber ich werde meinen Brüdern von dir erzählen.
Auf unseren Versammlungen werde ich dich rühmen.
Inmitten eines großen Volks
werden meine Hymnen angestimmt.
Die Armen werden ein Festmahl halten.
Das Volk, das noch geboren wird,
unser Volk, wird ein großes Fest feiern.

Ernesto Cardenal
dem Psalm 22 nachgedichtet

Gerechtigkeit

Wenn Jesus das Reich Gottes beschreiben will, spricht er von Gerechtigkeit. Unsere Väter verstanden darunter die Gerechtigkeit des einzelnen Menschen vor Gott. Heute erkennen wir, dass Jesus Gerechtigkeit in der Welt überhaupt suchte: nicht eine Gerechtigkeit, die im Gehorsam gegenüber menschlichen Ordnungen und Obrigkeiten besteht, sondern eine, die ein Schutz ist für das Glück und den Frieden der Menschen.

Wer heute verstehen will, was Gerechtigkeit ist, und um Gerechtigkeit zu beten versucht, muss erkennen, dass es inzwischen unmöglich ist, Recht und Unrecht so zu trennen, wie man es früher getrennt hat: Der Staatsanwalt ist im Recht, der Aufrührer nicht? Der Besitzende ist im Recht, der Landstreicher nicht? Der das Bestehende erhält, ist im Recht, wer mit Gewalt etwas verändern will, ist im Unrecht? Es gibt Verhältnisse in unserer Welt, in denen einer »böse« ist, ehe er sich für Gut oder Böse entscheiden konnte. Es gibt Verhältnisse, in denen Menschen nicht zum Glauben finden können, auch wenn sie es möchten und wenn sie nicht verstehen können, was die Christen gut und böse nennen.

»Vater unser, der du bist im Himmel,
ich möchte, dass du noch einmal kommst,
ehe du vergessen hast,
wie man den Süden des Rio Grande erreicht …«

So dichtet Mario Benedetti. Es sind Gebete dieser Art, aus denen wir vielleicht eines Tages lernen werden, auch die vor Gott zu vertreten, deren Leid aus dem christlichen Europa und aus Nordamerika kam, und lernen, das für sie Notwendige zu tun.

Benedetti fährt fort:

»tausendneunhundertsechzig im Monat August
lohnt es sich fast schon nicht mehr
dass dein Reich zu uns komme
weil dein Reich schon hier unten ist
in Zorn und Angst versteckt
in Apathie und Schmutz

in Enttäuschung und Müdigkeit
in dieser Sehnsucht dich trotz allem zu schauen
als du von Reichen sprachst
von der Nadel und vom Kamel
und wir alle dich wählten …
erhob auch der schweigende Indio seine Hand
der dich zwar respektierte
aber dir widerstand
weil er sich
über deinen Willen Gedanken machte

jedenfalls ab und zu
mischt sich dein Wille mit meinem
beherrscht entzündet verdoppelt ihn
schwierig wird's dann zu erkennen
welches mein Wille ist

spätestens morgen
werden wir die Bankrotten kassieren
lächelnde Straßenräuber
die Krallen haben
um die Harfe zu schlagen …

es ist nicht wichtig
dass uns unsere Gläubiger vergeben
so wie wir
aus Versehen
unseren Schuldnern vergaben

noch immer
sind sie uns ungefähr ein Jahrhundert
Schlaflosigkeit und Knüppel
etwa dreitausend Kilometer von Schimpfwörtern
und ein ganzes totes Guatemala schuldig

führe uns nicht in Versuchung
zu vergessen …
reiß uns den letzten Bettler aus unserer Seele
und erlöse uns von dem Bösen des Gewissens. Amen.«

Erbarmen

Gott, du Vater aller Menschen,
da sind auch die vielen,
bei denen uns unklar ist,
wie sie geheilt werden sollen.

Erbarme dich aller,
denen das Leben zu schwer aufliegt,
die über ihre Kraft gefordert sind,
die unter ihrem Schicksal zerbrechen
und keinen Sinn finden.

Erbarme dich der Mutlosen,
die dem Unrecht nicht mehr widerstehen,
der Geschundenen, die nicht leben können
vom Lohn ihrer Arbeit,
der Verzweifelten, die den Rausch suchen oder den Tod.
Erbarme dich der Unfreien,
die Knechte sind eines erbarmungslosen Systems,
die Opfer von Ausbeutung sind und von Unterdrückung.
Der Soldaten, die man zum Kampf zwingt,
und der Gefangenen, die man bewacht wie wilde Tiere.

Erbarme dich, Gott, aller Völker.
Vor allem unseres eigenen,
das der weltweiten Not kaum begegnet.
Erbarme dich der Kurzsichtigen unter den Mächtigen,
der Ungeduldigen und Gewalttäter
unter den Misshandelten und Unterdrückten.
Erbarme dich aller, die Gerechtigkeit suchen
und keinen Weg wissen als den der Gewalt.

So gedenken auch wir,
der Verbitterten und Unbarmherzigen.
Derer, die Hass verbreiten und Zwietracht säen.
Die Nachrichten fälschen und Verbrechen vertuschen.
Die vom Betrug leben,
von Erpressung und Hochstapelei.
Die nichts an soziale Regeln bindet,
Derer, die bedrängter Menschen Not ausbeuten.
Der Zuhälter und Drogenhändler.

Aller Kranken in unserer Gesellschaft.
Der von Menschen Verletzten.

Wir bitten für uns alle,
die einander vergessen,
verstoßen oder verurteilen.
Wir bitten dich:
Nimm dich unserer Lieblosigkeit an
und unserer Selbstgerechtigkeit.

Heile uns alle an unserem Leib,
an unserer Seele und an unserem Geist,
dass wir Menschen werden,
die dir, dem Arzt, ähnlicher sind.

Sorgfalt

Wer sich im Straßenverkehr bewegt, weiß, dass es für Christen eine Art der Bewährung gibt, wenn nicht gar eine Art Bekehrung zu einer Sorgfalt, die in Sachkenntnis, Selbstkontrolle und Freundlichkeit besteht und in einem immer wieder geübten Denken und Empfinden mit den vielen fremden Menschen, die uns dabei begegnen.

Gott, ich bitte dich
für die Frau mit den beiden Kindern,
für die ein Gang durch die Stadt Angst bedeutet,
Angst vor den Autos und der Straßenbahn
und vor dem Gedränge.

Für den alten Mann,
der so viel falsch macht,
weil er in einer anderen Zeit groß geworden ist
und sich nicht zurechtfindet.

Für die Anfänger in den Autos,
die einfach überfordert sind.

Für die Nervösen, die meinen,
ihr Leben hänge von zwei Minuten ab,
die sie durch ihr gefährliches Fahren gewinnen.

Ich bitte dich auch für die Polizisten.
Sie arbeiten für uns alle,
um Schaden und Leid zu verhüten.
Ich möchte ihnen das Leben erleichtern
durch meine Achtsamkeit.
Sie haben Ärger genug.
Vielleicht merken sie einmal,
wenn jemand ihnen dankbar ist.

Behüte uns alle.
Behüte mich, wenn ich die Geduld verliere.
Behüte alle, denen ich gefährlich werden kann.

Gott, ich denke an die Menschen,
die über den Zebrastreifen hetzen.
Sie haben Angst vor mir, weil ich in einem Auto sitze.
Ich finde es beschämend, dass das so ist.
Gib mir die Geduld,
auch den letzten noch in Ruhe vorbeigehen zu lassen
und dann so zu fahren,
dass niemand vor mir zu erschrecken braucht.

Ich habe mich vorhin über den Bummler geärgert,
weil ich seinetwegen nicht mehr bei Grün hinüberkam.
Vergib mir.
Gib mir für den nächsten Bummler
einen freundlichen, guten Gedanken.

Gott, ich danke dir,
dass du mich auf meinen Fahrten bisher behütet hast,
dass ich gesund bin, obwohl ich oft unvorsichtig war.
Ich danke dir,
dass niemand durch mich zu Schaden kam,
obwohl es oft hätte geschehen können.
Ich bitte dich für alle,
die vor mir, hinter mir, neben mir fahren:
Lass sie gesund heimkommen.
Beschütze die Fernfahrer, die Sanitäter,
die Taxifahrer, die Lieferanten
und alle, die mir begegnen.
Lass sie und mich nie vergessen,
dass wir deine Kinder sind.

Mein Gott,
gib mir eine sichere Hand
und ein waches Auge.
Du hast uns das Leben gegeben.
Hilf, dass ich niemandem
diese deine Gabe beschädige
oder nehme.

Glück

Niemand weiß, nach welchen Spielregeln das Leben sich bei uns schon in wenigen Jahren abspielen wird. Aber bei der ungeheuren Bedeutung, die der Anspruch auf Glück unter den Menschen gewinnt, wird für Christen dies eine Regel sein können: dass sie das Glück nie an einer Stelle suchen, an der sie das Glück eines anderen zertreten müssen. Ein chinesisches Märchen gibt ein Bild dafür:

»Warum es keinen Krieg geben kann:

Als der Krieg zwischen den beiden benachbarten Völkern unvermeidlich war, schickten die Feldherrn von beiden Seiten Späher aus, um zu erkunden, wo man am leichtesten in das Nachbarland einfallen könnte. Die Kundschafter kehrten zurück und berichteten auf beiden Seiten dasselbe: Es gebe nur eine Stelle an der Grenze, die sich dafür eigne. Dort aber, sagten sie, wohnt ein braver Bauer in einem kleinen Haus mit seiner anmutigen Frau. Sie haben einander lieb und es heißt, sie seien die glücklichsten Menschen auf der Welt. Sie haben ein Kind. Wenn wir nun über ihr Grundstück marschieren, dann zerstören wir das Glück. Also kann es keinen Krieg geben. – Das sahen die Feldherrn ein und der Krieg unterblieb, wie jeder Mensch begreifen wird.«

*

Hier liegt in einer verblüffend einfachen Auslegung nichts weiter vor als das Gebot, wir sollten den anderen Menschen lieben wie uns selbst. Die Zeiten sind vorbei, in denen eine solche Geschichte als utopisch abgetan werden konnte. Das Leben der Menschen wird nur menschlich genannt werden können, es wird überhaupt nur weitergehen auf dieser Erde, wenn eine solche Regel nicht als utopisch angesehen wird. Denn im Gedränge der eng gewordenen Weltgemeinschaft bedeutet die Nächsten lieben nicht zuletzt: sein eigenes Glück schützen.

Schöpfer dieser Welt.
Wir leben von deiner Güte und Weisheit.

Die Welt gehört nicht uns, sie gehört dir.
Unsere Wissenschaft geht deinen Gedanken nach.
Unsere Technik verlässt sich auf deine Gesetze.
Unsere Wirtschaft lebt von deinen Gütern.
Wir danken dir für Geist und Kraft der Menschen,
denn Geist und Kraft sind von dir.

Du hast uns den Frieden anvertraut,
die Freude und das Glück aller Menschen.
Wir bitten dich für jeden Menschen dieser Erde,
dessen Friede und Glück in Gefahr sind.
Wir bitten dich, bewahre uns den Frieden
und bewahre uns davor,
den Frieden anderer zu gefährden:
den Frieden aller, denen wir begegnen.

Wir sind klug genug, die Erde zu zerstören,
aber vielleicht zu töricht, dabei zu überleben.
Wir bedürfen einer neuen Weisheit von dir.
An deiner Erde könnten wir sie ablesen.
Hilf uns, heiliger Gott.

*

Dich, Vorsicht, hat man derart verunstaltet,
dass ich zum Ausgleich des Übergewichts
von Unterordnung, Anpassung und Furcht
fast schreien möchte: »Seid unvorsichtig!«
Vor allem vergesst nicht,
dass Wagemut eine Tugend ist
und mehr noch als eine Tugend:
eine Gabe aus Gottes Geist.

Hélder Câmara

Herr, ich werfe meine Freude wie Vögel an den Himmel.
Die Nacht ist verflattert und ich freue mich am Licht.

Deine Sonne hat den Tau weggebrannt
vom Gras und von unseren Herzen.
Was da aus uns kommt, was da um uns ist
an diesem Morgen, das ist Dank.

Herr, ich bin fröhlich heute am Morgen.
Die Vögel und Engel singen und ich jubiliere auch.
Das All und unsere Herzen sind offen für deine Gnade.
Ich fühle meinen Körper und danke.
Die Sonne brennt meine Haut, ich danke.
Das Meer rollt gegen den Strand,
die Gischt klatscht gegen unser Haus, ich danke.

Herr, ich freue mich an der Schöpfung
und dass du dahinter bist und daneben
und davor und darüber und in uns.
Ich freue mich, Herr,
ich freue mich und freue mich.
Die Psalmen singen von deiner Liebe,
die Propheten verkündigten sie
und wir erfahren sie:
Weihnachten, Ostern, Himmelfahrt und Pfingsten
ist jeder Tag in deiner Gnade.

Herr, ich werfe meine Freude wie Vögel an den Himmel.
Ein neuer Tag, der glitzert und knistert,
knallt und jubiliert von deiner Liebe.
Jeden Tag machst du. Du allein!

Aus Westafrika

Bruder Jesus, du gibst mir das Maß,
das dort gilt, wo ich in meiner Welt
Frieden zu stiften suche.

Ich muss nicht fürchten, den Kürzeren zu ziehen.
Wenn ich bereit bin, den Kürzeren zu ziehen,
bin ich auf dem Weg zur Gerechtigkeit.

Ich kann verzichten.
Das ist der Weg zur Rettung der Erde.
Ich muss nicht siegen.
Das ist der Weg zum Frieden.
Ich muss nicht immer nur für mich selbst sorgen.
Das ist der Weg zum Glück.
Ich muss nicht für alles einen Lohn erwarten.
Das ist der Weg zur Erfüllung.
Ich muss mich nicht ständig sichern.
Ich gehe frei meinen Weg.

Und wenn ich in die Zukunft sehe,
so kann ich sagen: Alles wird gut sein.
Denn ich werde dem Angesicht Gottes begegnen,
meines Vaters.
Ich werde verstehen, dass mein Geschick Sinn hatte.
Das Leid dieser Erde wird hinter mir liegen.
Das Unrecht wird ein Ende haben.

Am Anfang war das Licht.
Am Ende wird Licht sein. Frieden wird sein,
denn einer, Gott selbst, ist der Friede.

Im Dunkeln wachen

Das Bittgebet hat Sinn, wenn da ein Ohr ist, das hört, ein Gegenüber, das den Bittenden wahrnimmt, eine Liebe, die antwortet. Ein Kind verirrt sich im Wald und beginnt in seiner Angst vor sich hin zu singen. Es wird ruhiger dabei. Aber geholfen ist ihm erst, wenn ihm der Waldhüter begegnet, der es an der Hand nimmt und auf den Weg nach Hause bringt.

Niemand wird Jesus verstehen, wenn er das Gebet für ein Selbstgespräch hält, denn niemand hat je so unmittelbar zu Gott hin gelebt wie er, so mit ihm geredet und so auf ihn geachtet. Und er hat seine Freunde aufgefordert, zu tun wie er. Wem das Bitten schwerfällt, weil er meint, es sei unmöglich, dass Gott allen Menschen zuhöre, der überprüfe das Bild, das er von Gott hat: ob es nicht das Bild eines überforderten Schalterbeamten ist anstelle des Bildes Gottes.

Wenn uns das Bitten schwerfällt, weil wir zu stolz sind, uns zu beugen, müssen wir verstehen, dass niemand, auch nicht der Stolze, aus eigener Kraft lebt. An den entscheidenden Punkten des Lebens wird auch er ein Bittender sein. Und er darf wissen, dass der Gott, vor dem er sich beugt, seine Würde nicht gefährdet, sondern sie ihm, indem er ihm zuhört, ja eben verleiht.

Wenn uns das Bitten schwerfällt, wenn wir enttäuscht sind, weil wir nicht erhört und unser Wille nicht erfüllt wird, müssen wir lernen, unseren Willen zu äußern und zugleich um die Erfüllung des Willens Gottes zu bitten. Nicht, weil der Wille Gottes ohnehin geschieht, sondern weil er der bessere, der wissendere Wille ist.

Und die Erhörung des Gebets? Niemand, der mit dem Gebet Erfahrung hat, wird an Gebetserhörungen zweifeln. Freilich werden sie nicht immer darin bestehen, dass unsere Wünsche erfüllt werden, sondern darin, dass wir ein Gespür bekommen für Gottes Wesen und Willen und ihm dadurch näher sind als zuvor. Immer wieder allerdings merken wir erschrocken, dass er selbst eingegriffen hat und eine Bitte erfüllt ist.

Wer bittet, wird zunächst seine Wünsche sozusagen unter Gottes Augen prüfen. Die Frage: Was ist nun eigentlich dein Wille?, ist eine würdigere Art, mit Gott zu reden, als das ungeschickte: Ich will! Ich möchte! Ich brauche! Das musst du tun! Das Bittgebet hat seinen Sinn innerhalb des großen und lebenslangen Versuchs, in unablässiger Selbstkontrolle in die Gegenwart Gottes hineinzuwachsen und seinen eigenen Willen mit dem Willen Gottes zusammenzuführen. So sagt Jesus in den Abschiedsreden:

»Was immer ihr vom Vater erbittet,
mir zuliebe wird er es euch geben.
Bisher habt ihr nicht in meinem Namen gebeten.
Bittet ihn und ihr werdet empfangen,
sodass eure Freude alles Maß übersteigt.«

Johannes 16,24

»Im Namen Jesu« bitten heißt, sich auf ihn berufen, im Einklang mit seinem Willen stehen, mit seinem Werk eins sein, seine Stelle einnehmen, sodass er selbst an unserer Stelle dieselbe Bitte hätte aussprechen können. Im Namen Jesu bitten heißt an der offenen Stelle zu Gott hin stehen, an der wir den Geist empfangen, den Jesus uns zugesagt hat. Dieser Geist läutert unser Gebet in uns, fasst es in Worte und gibt uns die Zuversicht, dass Gott uns hört.

Ein solches Gebet führt notwendig immer tiefer in das Bitten hinein. Nicht in die Wunschlosigkeit, sondern in die immer größere Offenheit, das immer größere Vertrauen zu dem zuhörenden Gott, zu seiner Kraft und seinem Geist, und in das immer selbstverständlichere Empfangen dessen, was er geben will.

Bittet! So wird euch gegeben.
Sucht! So werdet ihr finden.
Klopft an! So wird sich die Tür öffnen.
Wer von euch wird sein Kind
mit einem Stein abspeisen,
wenn es ihn um Brot bittet?
Oder mit einer Schlange,
wenn es um einen Fisch bat?

Matthäus 7,7–11

Krank sein

Ein Mensch, der einer Krankheit wehrlos ausgeliefert ist und keine Hoffnung hat, sie aus eigener Kraft oder durch die Hilfe anderer Menschen zu überwinden, wird vielleicht um ein Wunder bitten, es erwarten, es erhoffen. Wer um das Wunder nicht bitten mag, weil er meint, es gebe keine Wunder, zweifelt im Grunde am Sinn des Bittens überhaupt. Wenn er sein Recht, Gott um etwas zu bitten, ernst nimmt, dann kann sein Gebet zur Forderung werden: Du musst ein Wunder tun! Ohne ein Wunder von dir ist alles zu Ende! Mit »Wunder« ist ein Geschehen gemeint, das sich nicht erklären, sondern nur aus der Freiheit Gottes herleiten lässt. Wer von der Freiheit des Menschen etwas hält, das heißt von seiner schöpferischen Kraft, von seiner Fähigkeit, etwas zu tun, das nicht zu sein brauchte, der wird unmöglich leugnen können, dass Gott Dinge tun kann, ohne durch ein Gesetz von Ursache und Wirkung dazu gezwungen zu sein. Wer mit Gott spricht, wird ihn darum auch bitten, er möge in seiner Freiheit das Erlösende tun. Um Genesung bitten heißt, an Wunder glauben. Man kann das nicht trennen.

*

Christus, ich möchte gesund werden.
Du hast unsere Krankheiten getragen.
Nimm du alle meine Kräfte in deine Hand
und heile mich. Amen.

*

Christus, du bist der Friede.
Ich bin unruhig und voll Angst.
Komm du. Gib mir den Frieden. Amen.

Aus der Tiefe rufe ich, Gott, zu dir.
Höre meine Stimme und hilf mir,
denn aus Elend und Angst rufe ich.

Um deine Nähe bitte ich, um deine Hilfe.
Ich bitte dich, dass du ein Wunder tust
an meinem Leib und meiner Seele und du sie heilst.

Ich kenne deine Gedanken nicht.
Ich weiß nicht, wozu ich krank bin.
Dass es dein Wille ist, das allein halte ich fest.

Ich war gesund und verließ mich auf meine Kraft.
Nun sorgen andere für mich.
Das war dein Wille. Ich will es lernen.

Ich habe unter Gesunden gelebt
und die Kranken nicht gesehen.
Nun sehe ich ein weites Meer des Leidens um mich.
Gib mir Augen für alle, die mit mir leiden.

Ich habe gemeint, mein Leben gehe einfach immer weiter.
Aber jede Stunde bringt mich meinem Ende näher.
Mache mich bereit für die Stunde meines Todes.

Ich war immerfort am Werk und hatte nie Zeit.
Nun geht meine Zeit nutzlos dahin.
In dem allem ist dein Wille.

Viel Unordnung habe ich hinterlassen.
Viel Streit, Lieblosigkeit und Härte des Herzens.
Vergib mir meine Schuld
und gib mir die Zeit, allen anderen zu vergeben.

Heile du mich, Gott, an Leib und Seele
und lass mich genesen zu einem neuen Anfang
hier auf dieser Erde oder, wenn es dein Wille ist,
zum ewigen Leben.

Ich befehle mich in deinen Willen.
Ich möchte dich finden, dich empfangen,
dir danken und dich preisen in Ewigkeit.

Alt werden

Ewiger Gott,
ich gehöre zu den Menschen, die man alt nennt.
Ich lebe im Abend. Bald wird es Nacht sein.
Lass mich nicht allein bei den letzten Schritten.

Mein Leben hatte einmal Wert und Sinn.
Ich habe gearbeitet, gelitten und gewirkt.
Was ich getan habe, rückt in die Ferne.
Ich bitte dich, mich vor Bitterkeit zu bewahren,
vor der Sucht, mein Wissen und Können zu beweisen,
vor der Gefahr zu behaupten, es sei alles richtig gewesen.
Ich möchte lernen loszulassen.
Ich möchte mich auf nichts verlassen als auf deine Güte.
Lass du mich nicht los!

Meine Kräfte lassen nach.
Krankheiten zehren mich aus.
Der Tod steht vor mir, unausweichlich.
Ich bitte dich, mich vor Verhärtung zu behüten,
vor dem Ausweichen in Illusionen,
vor der Suche nach falschen Hoffnungen.
Ich möchte annehmen, was du sendest,
dass ich eine neue Stufe betrete
und bereit bin, wenn du mich verwandelst.

Mitten unter den Menschen habe ich gelebt.
Nun werde ich einsam. Meine Freunde sterben.
Niemand braucht mich. Jeder geht seinen Weg.
Ich bitte dich zu helfen,
dass ich mich nicht verschließe
und doch nicht überall mitrede
und dass ich kein Mitleid pflege mit mir selbst.
Ich möchte aus der Stille wirken können,
für andere Menschen eintreten vor dir.
Gib mir die Worte dafür.
Ich bin in deiner Liebe geborgen. Hilf mir lieben.

Gütiger Gott,
gib mir Gelassenheit. Ich gebe mich in deine Hand.
Gib mir Heiterkeit. Du bist die Quelle der Freude.
Gib mir Güte. Deiner Güte vertraue ich mich an.

Hilf mir, unter den Menschen Verhärtetes zu lösen,
die Zerstrittenen zu versöhnen,
die Verwundeten und Verlassenen zu trösten,
segne mich und behüte mich
und gib mir Frieden.

*

Wir werden einmal alle alt
und stille werden
und werden wissen, was wesentlich ist
und was ungestraft ausgelöscht werden kann.

Einmal wird unser Auge ruhig werden
und müde unser Schritt,
und Sonnenuntergang
wird unseren Abend färben.

Ich kenne einen alten Mann,
der immer schwere Lasten trug
und sich der Mühe nie entzog.
Ich denke an sein stilles Antlitz,
an das Wissen vieler einsamer Wege.
Sein Leben war hart und dürftig,
doch der milde Klang seiner Stimme
zeigte Güte ohne Bitterkeit.

Wir werden einmal alt und müde.
Lasst uns beten, dass unsere Stimmen milder werden
und unsere Gesichter Verkünder des Friedens.

Viola Renvall

Sterbende begleiten

Einem Sterbenden nahe sein heißt zwar auch, noch dies und jenes zu tun und auf eine stille Art liebevoll da zu sein; es heißt aber in erster Linie, mit ihm und für ihn zu beten.

Es wird immer der Verantwortung und dem Feingefühl der Begleitenden anheimgegeben sein, wie weit sie einem Sterbenden die Wahrheit sagen wollen. Ich selbst würde aus Achtung vor dem Sterbenden bei Klarheit und Wahrheit zu bleiben suchen, auch wenn es den Gepflogenheiten von heute nicht immer entspricht. Ich würde ihm die Wahrheit sagen und ihn nicht betäuben, wenn immer er ein Mensch ist, der auch in seinem Leben keine Verwirrung seiner Sinne oder Betäubung seiner Gedanken gewünscht hat. Denn ein Gebet mit einem Sterbenden ist ohne Wahrheit nicht denkbar. Dass wir so häufig vorziehen, ihn im Unklaren zu lassen, bedeutet nicht, dass wir bessere, sondern dass wir schlechtere Helfer und Freunde sind. Dass uns oft so schwer scheint zu glauben, hängt mit der hohen Kunst der Vernebelung zusammen, die unsere Zeit erreicht hat, denn nichts schadet dem Glauben so sehr wie Betäubung oder das Dämmerlicht lebenslanger Unklarheit. Es hilft nichts, Sterbende in die Scheinwelt ihrer Lebenshoffnungen zurückzuholen. Denn so geht die einzigartige Gelegenheit vorüber, in letzter Stunde zu danken, zu bekennen, zu versöhnen und zu verzeihen. Das Sterben ist ein Stück des Lebens; um dieses letzte Stück Leben soll man niemand betrügen.

Es scheint mir auch ein Unrecht zu sein, Sterbende so zu trösten, dass sie bei ihren Selbsttäuschungen und Selbstrechtfertigungen bleiben können. Was Schuld ist, muss deutlich werden, aber es muss ebenso klar gesagt werden, wer für diese Schuld eintritt. Sterbenden muss die Möglichkeit geboten werden, ihre Schuld zu bekennen und in der Wahrheit vor Gott zu treten.

Wer Sterbenden die Wahrheit sagt, übernimmt aber damit, wenn es irgend möglich ist, auch die Pflicht, sie zu begleiten, bis sie die Schwelle überschritten haben. Einfaches Dableiben ist unendlich viel: durch das einfache Dasein zeigen, dass sie nicht verlassen sind, und sie in aller Stille und mit dem Segen des dreieinigen Gottes ermutigen, still und ohne Angst hinüberzugehen.

Ewiger, himmlischer Gott, ich rufe zu dir!
Komm zu mir. Sei mir nahe; bleibe bei mir.
Ich habe keinen Halt außer dir.
Ich weiß keinen Weg außer zu dir.
Ich habe nichts, das bleibt, außer dir.
Wie du mich bisher geführt hast in meinem ganzen Leben,
so führe mich nun, wenn es zu Ende geht.
Du hast gerufen. Lass mich heimkehren.

Ich breite vor dir aus, was gewesen ist.
Ich habe meine Jahre vergeudet.
Ich habe nicht geglaubt und nicht geliebt.
Ich war mir selbst wichtig und habe das Ziel vergessen.
Ich bekenne dir meine Schuld, meine große Schuld.
Erbarme dich meiner! Lass mich nicht fallen.

Ich gedenke vor dir aller,
die heute mit mir vor der Schwelle des Todes stehen.
Sei ihnen gnädig und nimm sie zu dir.
Christus, du bist die Tür zu Gott. Lass mich eintreten.
Du bist der Weg. Geleite mich.
Du bist das Licht. Bleibe bei mir, wenn es Nacht wird.
Ich danke dir, dass du bei mir bist.

*

Vater, bewahre uns vor dem Abgrund.
Nimm uns in deine Hand. Nimm unsere Angst von uns.
Hilf deinem Kind auf seinem dunklen Weg.
Erwecke es an deinem Tag und gib ihm Leben.
Herr, erbarme dich,
Christus, erbarme dich,
Herr, erbarme dich!

*

Es segne und behüte dich Gott,
der Allmächtige und Barmherzige,
Vater, Sohn und heiliger Geist. Amen.

Der Toten gedenken

Es gibt eine Verbindung auch zu den Toten. Sie führt nicht über Beschwörungen, nicht über Magie und nicht über Träume, sondern über den lebendigen Gott. Solange wir leben, leben wir aus Gott und auf Gott zu. Nach unserem Tod haben wir unsere Lebendigkeit wieder aus Gott und auf Gott hin. Wenn wir also zu Gott sprechen, haben wir es mit dem zu tun, in dessen Hand auch die Toten sind. Indem wir Gott für das danken, was unsere Toten uns gewesen sind, verbinden wir uns mit ihnen. Indem wir ihm die Liebe bringen, die uns mit unseren Toten verbindet, findet unsere Liebe sie auf dem »Umweg« über Gott. Wir bleiben mit ihnen verbunden dadurch, dass Gott sie und uns kennt und sie und wir durch ihn bewahrt bleiben.

So sind wir in aller Stille bei ihnen, nicht mit Angst oder Anklagen, nicht mit ungelösten Fragen und nicht mit verwundetem Gewissen, sondern in Dankbarkeit, dass sie bei uns gewesen sind. Wir tragen ihnen zu, was uns an Schönem und Gutem widerfährt, und vielleicht hilft uns ihr Gedenken und ihnen unsere Liebe, ohne dass wir wüssten, auf welchem Weg dies geschieht.

*

Schöpfer des Lebens, du bist nicht ein Gott der Toten,
sondern lebendiger Menschen.
In dir leben alle, die du heimgerufen hast.

Wir gedenken aller, die wir liebten,
aller, mit denen wir lebten.
Was uns verbindet, ist deine Güte,
mit der du sie und uns liebst.

Wir gedenken ihrer vor dir.
Kein Weg führt zu ihnen oder von ihnen zu uns
außer dem Weg zu dir und von dir.
In dir sind wir eins mit ihnen.
Dir danken wir, dass sie in deiner Hand sind.

Gott, wir gedenken vor dir aller Toten,
aller vergessenen und versunkenen Namen.
Der Toten, die niemand beweint,
der Vermissten, deren Geschick wir nicht kennen,
der Verzweifelten, die sich das Leben nahmen,
und der von Menschen Entehrten und Gemordeten.
Wir wissen sie in deiner Hand und bitten dich:
Bewahre die ärmsten unter deinen Kindern.

Wir danken dir, dass du so nahe bist
und auch die Toten nahe sind in dir.
Niemand stirbt, der in dir ist.
Wir empfangen Leben von dir,
wie auch die Toten aus dir leben.
Das verbindet uns mit ihnen,
dass wir dasselbe Leben haben.

Deine Gedanken sind nicht unsere Gedanken.
Deine Wege sind nicht unsere Wege.
Wir glauben deinen Gedanken,
auch wenn wir sie nicht verstehen.

Wir betrachten dein Kreuz, Christus, unser Bruder,
das Zeichen deines Sieges über Hölle und Tod.
In ihm wissen wir überwunden
alle Leiden der Leidenden,
alle Schuld der Schuldigen.
Über einer Welt von Gräbern steht es
und vereint sie alle, die Toten und uns.

Wir gehen deine Wege und halten uns an dich.
Du wirst den Feind, den Tod, überwinden.
Du bist auferstanden von den Toten,
dir nach werden sie alle auferstehen.
Mit dir werden sie sich freuen in Gottes Licht
und ihn preisen von Ewigkeit zu Ewigkeit.

Einiges muss noch geschehen,
ehe die Sonne sinkt:
Die Hungernden sind noch hungrig,
die Dürstenden durstig,
die Weinenden ungetröstet. ...

Einiges muss noch geschehen,
ehe die Sonne sinkt
und die Tore schließen.
Schon werden die Schatten lang.

Albert Arnold Scholl

Tun, was Gott tut

Ich sehe zu dir voraus, Gott,
Ich denke nach über die Welt
und was aus ihr werden wird.
Über meinen Anteil an ihr
und ich höre:

Was kein Auge sieht und kein Ohr vernimmt,
das wirst du, Gott, aus denen machen,
die sich deiner Liebe anvertrauen.

Den Kreuzweg mitgehen

Auf manchen einsamen Bergen gibt es Kapellen, die nur zu Fuß und nur über einen steilen, gewundenen Weg zu erreichen sind. Sobald Besucher die Fahrstraße verlassen, begleitet sie der Kreuzweg Jesu, Station um Station. Meist sind die Bilder von wenig bedeutenden Künstlern gemalt, in buntem Bauernbarock, und erzählen die Geschichten vom Gebet in Gethsemane bis zur Grablegung, und der Abstand zwischen den einzelnen Bildstöcken ist so groß, dass genug Zeit bleibt, sich die einzelne Episode zu vergegenwärtigen oder sie im Gebet nachzusprechen, bis die nächste vor die Augen und die Seele tritt und man schließlich am Ende dem Kreuz über dem Altar gegenübersteht.

Es ist schwer zu begreifen, warum in den Kirchen der Reformation, die doch der Gestalt des leidenden und sterbenden Christus mit so großer Klarheit begegnet sind, die Meditation des Kreuzwegs verloren ging. Wenn uns das Wort vom Kreuz mehr ist als eine Theorie, werden wir eines Tages wieder versuchen, auf unseren Füßen den Kreuzweg entlangzugehen, die Bilder in uns eindringen zu lassen und dabei den eigenen Schritt mit dem Schritt Christi durch die Passion zusammenzusehen.

Ist das zu fern? Zu merkwürdig? Wie sollten wir heutigen Menschen begreifen, was glauben heißt, wenn uns das merkwürdig bleibt? Glauben heißt nicht, etwas meinen, sondern heißt, den ganzen Menschen versammeln und mit allen Kräften und in allen Schichten unseres Wesens vor Gott treten. Nichts beiseiteschieben. Weder die Gedanken noch die Träume. Weder die Hoffnungen noch das Wissen noch die Angst. Paulus sagt, es komme darauf an, eine neue Menschengestalt nach der Gestalt Christi zu werden. Er sagt nicht, wir müssten gebildete Leute werden oder einen starken moralischen Willen ausbilden, nicht, wir müssten einen Glauben entwickeln ähnlich dem Glauben Christi, sondern eine Gestalt werden nach der Gestalt Christi. Er meint, nicht »etwas an uns« müsse sich ändern, sondern alles in uns, wir selbst. Der Kreuzweg, der von uns nicht nur Nachdenken, sondern auch ein Nachgehen fordert, hat den Sinn, »alles in uns« auf Christus hin zu verändern.

Man mag fragen, warum wir uns so gründlich und so ungeschützt mit dem Bild des Hingerichteten am Kreuz befassen, und kann zwei Antworten geben, die freilich das Innerste noch nicht erreichen:

Einmal steht hinter dem Versuch, dem Bild des Todes standzuhalten, ein leidenschaftlicher Wille, der Wirklichkeit ins Auge zu sehen. Man versteht den christlichen Glauben nicht, wenn man nicht sieht, wie unsentimental er mit menschlichen Illusionen umgeht. Die Zeit rückt vor, Tag um Tag. Wer nicht selbst gehen will, mit dem wird gegangen, den schleift die Zeit durchs Leben. Im christlichen Glauben liegt der elementare Wille, selbst zu gehen. Die Passionsgeschichte aber ist die hohe Schule, gehen zu lernen, wo sich alles in uns sträubt.

Zum anderen gehört zu jeder Erfahrung des Leidens auch eine Einsamkeit, in der wir niemandem mehr begegnen als uns selbst und dem, der uns unser Geschick zumutet. Wir betrachten den leidenden Christus, um in der letzten Einsamkeit den Geber unseres Geschicks vor Augen zu haben.

Der schmerzgequälte Ulrich von Hutten sagt in dem Gedicht von Conrad Ferdinand Meyer:

Fernab der Welt. Im Reiche meines Blicks
an nackter Wand allein das Kruzifix.

In heilen Tagen liebt in Hof und Saal
ich nicht das Bild des Schmerzes und der Qual;

doch Qual und Schmerz ist auch ein irdisch Teil,
das wusste Christ und schuf am Kreuz das Heil.

Je länger ich's betrachte, wird die Last
mir abgenommen um die Hälfte fast,

denn statt des einen leiden unser zwei:
Mein dorngekrönter Bruder steht mir bei.

Schritte mit Jesus

Meditation ist für die Menschheit seit Jahrtausenden ein Weg nach innen. Der Mensch fasst sich selbst ins Auge und wird so von sich selbst frei. Er findet Klarheit über sich selbst und damit über die Welt in all ihrer Weite und Tiefe.

Meditiert ein Christ, so tritt an die Stelle des Ich die Gestalt Christi. Der Meditierende spricht nicht zu sich selbst, er hört nicht sich selbst zu. Er sieht Christus und hört sein Wort. Er begibt sich mit Kopf und Herz, mit Seele und Leib, mit Augen und Ohren vor das Wort und die Gestalt des Jesus von Nazareth. Er sammelt sich selbst ein und übergibt sich an den gegenwärtigen Christus.

Das ist keine Geheimwissenschaft. Der Meditierende entfernt sich nicht aus der Welt der Menschen. Denn die Liebe steht über der Weisheit, die Gemeinschaft der Menschen über der Absonderung und die Barmherzigkeit über der Vervollkommnung der eigenen Seele. Christus war kein Einsiedler und er fordert es von keinem, der mit ihm leben will. Mit ihm zu leben ist aber der Sinn jeder Geschichte, die von Christus erzählt. Da schildert die Bibel eine Szene: ein Dorf. Das Ufer eines Sees. Eine Straße, auf der Jesus geht. Eine Frau ruft ihm nach. Ein junger Mann spricht ihn an. Ein Blinder sitzt am Weg. Ein Gesetzeslehrer stellt ihm eine Fangfrage. Und Jesus antwortet auf die Situation oder auf das Wort. Er tut etwas. Er spricht. Er heilt. Er argumentiert. Er erzählt eine Geschichte. Dann schließt die Szene. Jesus geht weiter. Das Volk wundert sich. Der Blinde sieht.

*

Die Evangelien bestehen aus solchen kurzen Bildern, in denen aufleuchtet, wer Christus ist. Wer er ist, enthüllt sich in einer Situation. Die Situation kehrt nicht wieder. Sie wird nie zu der unseren. Wir sollen also auch nicht nachtun, was Jesus getan hat. Aber wir sollen verstehen, wer er ist. Der Anfang solcher Übungen des Begegnens könnte in der Geschichte der Passion liegen, im Kreuzweg. Und dort liegt auch, nach einem lebenslangen immer neuen Begegnen mit seinen Bildern, das Ziel der Meditation eines Christen.

Jesus, du Bruder aller Menschen,
wir sehen dich aus der Ferne
und über den unendlichen Abstand der Zeit.
Wir hören dich.
Wir versuchen dich zu verstehen,
zu begreifen, wer du bist.

Du bist anders als andere Menschen.
Stärker und schwächer.
Erhabener und geringer.
Du verkündest die Ehre Gottes
und begleitest die Verachteten unter den Menschen.
Du bringst die Kraft Gottes
und bist schwach mit den Schwachen.
Du schaffst Freiheit
und lässt dich binden für die Gebundenen.

Du scheidest zwischen Wahrheit und Lüge
und nimmst die Gescheiterten in Schutz
vor dem Recht der Rechtschaffenen.
Du brauchst keine Gewalt
und weichst dem Opfer nicht aus.

Lass uns mit dir gehen. Dich begleiten.
Gib uns Licht aus deiner Güte.
Mach uns dir ähnlich,
damit wir Menschen werden.

Meister des Lebens,
an dir sehen wir, was es heißt, Mensch zu sein.
Durch dein Antlitz hindurch
ahnen wir das Antlitz Gottes.
Wo du bist, verwandelt sich die Welt.
Wandle auch uns. Mache uns zu Menschen.

Christus, wir glauben.
Hilf unserem Unglauben.

Das Geringe tun

Ein abendlicher Saal. Zwölf Männer lagern, wie sie von der Straße kamen, auf Polstern und warten auf das Mahl. Müde, hungrig und schmutzig. Ein Sklave wäre nötig, der mit einer Wasserschüssel von einem zum anderen zu gehen und die Füße zu säubern hätte. Der aber fehlt, und so nimmt der Meister eine Schürze und geht diesen Weg: von einem Paar staubiger Füße zum nächsten, und wäscht sie. Beklommenes Schweigen im Saal, bis einer widerspricht und es sich dann doch gefallen lässt, dass der Meister, den sie verehren, dieses Zeichen gibt.

Man verfehlte den Sinn dieses Auftritts, wenn man von einem Beispiel der Bescheidenheit oder der Sachlichkeit spräche. Vielmehr schildert Christus in einem einzelnen, sichtbaren Zeichen seinen ganzen Weg: Der die Autorität hat, der Stärkere, beugt sich vor dem Abhängigen und Bedrohten. Der Große vor dem Kleinen. Der, dem allein die Ehre zusteht, steigt hinunter in die Niederungen des Streits der Menschen um ihre Ehre, des Kampfs aller gegen alle um die oberen Plätze. Er verlässt den Rang, der ihm zukäme, um den ehrsüchtigen Menschen dort aufzufangen, wohin der mit seinem Suchen nach Ehre gestürzt ist: in seiner ganzen Ärmlichkeit.

Dass Gott sich so tief hinabbegibt, ist das Muster für den Auftrag des Menschen: etwas tun, das töricht scheint, das allem Gefühl für Rang und Selbstachtung widerspricht, und dadurch Frieden schaffen. Der Friede beginnt unter den Menschen nicht, wo einer Macht hat, den Streit zu unterdrücken, sondern dort, wo einer auf seine Ehre verzichtet. Je vollkommener ihm das gelingt, um so tiefer wird der Friede sein, der von ihm ausgeht.

Ich gehe mit dir
durch die Dörfer deiner Heimat
und sehe, was du tust.

Du wolltest keine Macht,
keinen Reichtum und keinen Beifall.
Ein Mensch bist du geworden
in der Gestalt eines der Niedrigsten,
missverstanden und verachtet.
Man schüttelte den Kopf über dich,
man redete hinter der vorgehaltenen Hand.
Man fand dich gefährlich
und schleppte dich vor den Richter.
Man schlug dich und spuckte dich an
und brachte dich um.

Meine Ehre
ist der Anfang der Zwietracht
zwischen mir und den Menschen.
Mein Stolz ist der Anfang des Hasses.
Aber nun kniest du vor mir, reinigst mich
und machst mich frei.

Darum hob Gott dich empor
und setzte dich zum Maßstab
für alle Menschen.

Noch stehe ich am Anfang
und versuche den ersten Schritt.
Noch ängste ich mich um mein Ansehen
und fürchte mich vor Verachtung.
Nimm mich auf diesem Schritt mit dir,
damit ich frei werde durch dich.

Du, Christus, beugst dich vor mir.
Ich beuge mich
vor dem Geheimnis deines Weges.

Führung annehmen

Nacht. Ein Baumgarten, in dem wie überall um Jerusalem her die Festbesucher, eingerollt in ihre Mäntel, schlafen. Einzeln und in Gruppen. Unter ihnen die Männer, die mit Jesus aus dem festlichen Saal gekommen sind: mitten unter den hochgestimmten Menschen ein verängstigter Kreis, der sich wie alle anderen irgendwo zwischen den Bäumen einen Platz sucht, Unheil erwartend.

Ein paar Schritte weit löst sich Jesus von ihnen und geht zur Seite, um allein zu sein, und betet: »Vater, dir ist alles möglich. Lass das Entsetzliche vorübergehen. Doch nicht, wie ich will, sondern wie du willst.« Und noch einmal: »Vater, wenn es keinen Ausweg gibt, soll dein Wille geschehen.«

Man sollte häufiger eines der langen alten Kirchenschiffe entlanggehen, vom Portal aus von Pfeiler zu Pfeiler bis zu dem Ende, an dem das Kreuz steht. Denn seit Jesus diesen Weg ging, der von Gethsemane bis nach Golgatha führt, stehen wir Menschen in der tiefsten Verlassenheit nicht in einer nächtlichen Wüste, sondern in einer Art Heiligtum. Die trostlose Öde eines antwortlosen Rufens nach Gott verwandelt sich in eine Kirche des Leidens, und wir gehen von Schritt zu Schritt nicht ins Ausweglose, sondern auf das Kreuz zu, auf das Zeichen des Sieges, den Christus für uns alle errungen hat. Indem er sich bis zu dem Wort »Dein Wille soll geschehen« durchkämpft, verwandelt er das richtungslose Dahintaumeln des verzweifelten Menschen in einen Heimweg. Aus dem rätselhaften Gott wird der Vater, der uns erwartet, während wir unseren Weg zusammen mit unserem Bruder Jesus zu gehen versuchen.

Wenn die Kirche des Leidens unser Ort ist, werden wir nicht an den Wänden entlanglaufen und nach einem Ausweg suchen oder uns einreden, dieser Ausweg werde sich ganz gewiss noch irgendwann auftun. Die Verwandlung des Willens ist wichtiger: Das Mitgehen mit dem, dessen Wille sich gefügt hat und der darin dem Vater begegnet.

Leidender Bruder Christus,
ich danke dir, dass du auch für mich sagst,
was ich nicht über die Lippen brächte:
»Dein Wille soll geschehen.«
Ich danke dir, dass du getan hast,
was mir nicht gelingen will:
mich der führenden Hand Gottes zu überlassen.

Du forderst von den Deinen nicht,
dass sie stark sind wie du.
Du gibst den Schwachen deine Kraft,
denen, die sich wehren, deinen Gehorsam,
den in Angst Erstarrten deinen freien Willen.

So will ich mit dir sprechen:
»Dein Wille soll geschehen«,
und danke dir, dass du mich führst.
Dass du es bist, der meinem Willen,
meinem wirren Willen, den Weg zeigt.

Freiheit opfern

Einen Augenblick später. Ein Haufe Bewaffneter dringt ein in den Garten, geführt von dem Jünger, der den Schlafplatz seiner Freunde und seines Meisters kennt. Der ist's!, sagt er und begrüßt ihn mit einem Kuss in der Dunkelheit. Und schon schließt sich der Ring um den einsamen Mann. Einen Augenblick versucht einer, ihn zu verteidigen, aber Jesus weist ihn zurecht: »Stecke dein Schwert weg. Wer zum Schwert greift, kommt durchs Schwert um. Oder meinst du, ich könnte nicht meinen Vater bitten, mir mehr als zwölf Legionen Engel zu senden?«

Es ist gut, wenn der Wille sich gefangen gibt, ehe die Hände gebunden werden, damit die Hände nicht gezwungen sind, sich zu wehren, sich zu ballen oder sich zu entziehen. Denn wer frei ist, opfert diese Freiheit nur, wenn er sie nicht den Gewalttätern, sondern einem anderen, einem heiligen Willen übergeben kann. Einer Krankheit fügt sich nur, wessen Herr nicht die Krankheit ist, sondern der höhere Wille. In den Tod geht nur mit einem Ja, wer nicht vom Tod, sondern vom lebendigen Gott überwunden ist. Erst wenn der Wille sich von einem tröstlichen Wort weisen lässt, ist für ihn die Zukunft so frei, dass er sich der Ausweglosigkeit seines Todes anvertrauen kann, oder besser: dem Tod als der Maske Gottes und seiner Güte.

*

Das Wort ist unendlich mächtiger als das Schwert, und wer es zu führen weiß in starker, weiser Hand, ist mächtiger als der mächtigste der Könige. Wenn die Hand erstirbt, welche das Schwert geführt, wird das Schwert mit der Hand begraben, und wie die Hand in Staub zerfällt, so wird vom Rost das Schwert verzehrt. Aber wenn im Tode der Mund sich schließt, aus dem das Wort gegangen, bleibt frei und lebendig das Wort; über dasselbe hat der Tod keine Macht, ins Grab kann es nicht verschlossen werden, und wie man die Knechte Gottes schlagen mag in Banden und Ketten, frei bleibt das Wort Gottes, welches aus ihrem Munde gegangen.

Jeremias Gotthelf

Jesus Christus,
ich klage dir,
dass ich meine Freiheit suche,
weil ich ein gefangener Mensch bin.
Ich bin ein Knecht meiner hundert Ketten,
darum hänge ich an meiner kleinen Freiheit.

Ich will leben,
darum bin ich ein Gefangener
meines eigenen Willens.
Darum wehre ich mich.
Darum entziehe ich mich dem,
was Mühe macht.

Du hast deinen Willen hingegeben.
Hilf mir, mit dir die Hände zu bieten
dem, der sie binden will.
Ich weiß, kein namenloses Schicksal
und keine irdische Gewalt binden sie.
Der bindet, ist Gott allein.

Ich höre dich sagen: »Fürchte dich nicht.«
Du kennst die Angst.
Ich vertraue dir, wenn du dies sagst.

Ich höre dich sagen: »Folge mir nach.«
Ich vertraue dir, wenn du mich rufst.

Sein Recht preisgeben

Ein steinerner Palast, umwogt von einer Menschenmenge. Ein Monument der Gewalt und des Rechts zugleich. Und die Menschen fordern die Gewalt gegen den einen, der dem Statthalter gegenübersteht.

Der fragt ihn: »Bist du wirklich der König der Juden?« Und der Gefangene antwortet: »Ich bin ein König. Ich bin geboren und in die Welt gekommen, um für die Wahrheit einzustehen. Wem Gott das Ohr für die Wahrheit öffnet, der hört meine Stimme.« – »Wahrheit?«, fragt der Gewaltige: »Was ist Wahrheit?« Er geht hinaus zur Volksmenge und sagt: »Ich finde keine Schuld an ihm.«

Der Statthalter weiß nur, dass das Recht auf der Seite der Wahrheit zu sein hat und dass die Unwahrheit das Recht herausfordert. Ihm ist es eine fremde Welt, dass Wahrheit darin bezeugt werden kann, dass hier einer sein Recht nicht wahrnimmt, dass er sich nicht verteidigt, dass er sein Recht opfert. Denn die Wahrheit über uns selbst erfahren wir erst, wenn unser Recht uns unwichtig geworden ist. Dass Christus dieses Wort »Ich bin die Wahrheit« in der Nacht vor seinem Tod und in der Stunde seiner Verurteilung spricht, ist ein Maß, das für jeden gilt, der nicht Wahrheit allgemein, sondern die Wahrheit über sich selbst zu ergründen sucht.

Mein halbes Leben, Gott,
bringe ich damit zu,
mir selbst und anderen zu beweisen,
dass ich recht habe
und die Wahrheit auf meiner Seite ist.
Darum bin ich unfähig, den Weg zu gehen,
den du für mich bestimmt hast.

Ich will mein Recht,
darum werde ich an der Wahrheit schuldig.
Ich streite um mein Recht
und meine Waffe ist die Unwahrheit
oder das, was ich für die Wahrheit halte.
Aber weil ich mein Recht suche,
habe ich keinen freien Blick für die Wahrheit.

Dein Wort ist die Wahrheit.
Dein Wort hilft mir,
mich nicht zu wehren, wenn ich ein Ja sagen soll,
nicht auszubrechen, wenn ich stillhalten soll,
und das Ziel nicht zu verfehlen,
an dem ich dich, die Wahrheit, schauen werde.

Ich bin krank von der Mühe,
Tag für Tag auf mein Recht zu pochen.
Heile du mich, heiliger Gott.

Sei du die Wahrheit meines Lebens
und meines Leidens.
Denn ich werde erst heil sein,
wenn mein Unrecht und deine Wahrheit
mich überwunden haben.

Verwundbar sein

Ein Kellergewölbe in der römischen Kaserne. Eine freistehende Säule. Ein an die Säule gefesselter Mensch. Angestrengte Gesichter der Prügelknechte, Peitschen in den Händen, Lederriemen mit Eisenspitzen, und am Ende ein zerschlagener Mensch, den sie losbinden, hochzerren und dem Statthalter vorführen. Und der Statthalter zeigt ihn dem Volk: »Seht her! Ein Mensch!«

Die Kunst der Antike stellte Götter in der schönen Gestalt von Menschen dar in der Hoffnung, das gottfeindliche Chaos in der Welt mit der Schönheit von Göttern zu bändigen. Der Glaube des Judentums zur Zeit Jesu sah das Leiden und die Zerstörung eines Menschen im Zusammenhang seiner Schuld. Nur ein gesunder, intakter Mensch hatte ein geordnetes Verhältnis zu Gott.

Seit Jesus sind Alter, Schwäche, Krankheit und Hilflosigkeit kein Fluch mehr. Sie geben den Leidenden das Vorrecht, durch ihre zerbrechende Gestalt hindurch den leidenden Christus zu zeigen und so mit ihm eine Gestalt zu werden. Und das bedeutet auch, dass sie auf diese Weise sich mit dem eigenen unansehnlichen, zugrunde gehenden Menschen versöhnen dürfen.

Auf die letzten Seiten des »Tagebuchs eines Landpfarrers« lässt Georges Bernanos den todkranken Seelsorger die Zeilen kritzeln:

»Ich bin mit mir selbst versöhnt, versöhnt mit dieser armen sterblichen Hülle. Es ist leichter, als man glaubt, sich zu hassen. Die Gnade besteht darin, dass man sich vergisst. Wenn aber aller Stolz in uns gestorben wäre, wäre die Gnade der Gnaden, sich selbst demütig zu lieben als irgendeinen, wenn auch noch so unwesentlichen Teil der leidenden Glieder Christi.«

Jesus Christus,
von dir spricht der Prophet:
»Er hatte keine erhabene Gestalt,
keine Hoheit und keine Schönheit.
Wir sahen ihn, aber er gefiel uns nicht.
Ausgestoßen war er, von Menschen gemieden,
ein Mann der Schmerzen, vertraut mit Krankheit.«

Du bist der Liebende,
darum achtest du nicht auf dich selbst,
sondern gibst dich hin
für die Heilung derer, die du liebst.
Du wirst uns ähnlich,
damit wir selbst ähnlich werden
dem Bild deiner Hingabe.

Du bist verwundbar, weil du liebst.
Du willst, dass wir dir gleichen
und an deiner Liebe Halt finden,
wenn wir leiden.

*

Herr, an dich möchte ich denken,
dich erkennen, dich lieben.
Lass dies in mir wachsen,
bis du mich umgestaltest zur Vollendung.

Augustinus

Schuld tragen

Es wird einer durch die Stadt getrieben. Soldaten vor ihm, neben ihm, hinter ihm. Am Straßenrand die Bevölkerung. Betroffen oder spöttisch. Lärm: »Hinaus mit ihm! Der kommt uns nicht wieder! Der soll nicht leben!« Und der, dem das Geschrei gilt, trägt das schwere Querholz, das draußen an der Richtstätte an einem dort schon stehenden Pfahl befestigt werden soll und an dem er sterben wird.

Für das Auge der Zuschauenden hat dieses Querholz die Bedeutung des Fluchs. Wer es trägt, ist verflucht von Gott und den Menschen, ausgestoßen und verdammt. Er hat seine Schuld zu büßen. Er hat es sich selbst zuzuschreiben. Er trägt die Last seiner eigenen Gottlosigkeit. Die Urgemeinde sah hier das verwirklicht, was sie »das Gesetz Christi« nannte: dass einer des anderen Last trägt. Des anderen Last tragen heißt: sich selbst anrechnen, was der andere getan hat; das Leiden übernehmen, das aus fremder Schuld folgt.

Denn Menschen erfüllen ihren Auftrag nicht, indem sie als die unerschütterlich, weise und tolerant Gewordenen durchs Leben schreiten, sondern indem sie sich belasten, kränken, beschuldigen und ausstoßen lassen. So unterwegs sein mit Christus heißt: im Übergang, im Unterwegs leben zwischen dieser Welt und der, die kommt – und so auf dem Wege zum Leben sein.

*

Man soll das Kreuz tragen wie einen Schatz, denn nur so können wir Gottes würdig und seinem Sohn ähnlich werden. Kreuze sind Teil des täglichen Brots. Gott gibt uns so viel davon, wie wir wirklich brauchen, er allein weiß es, wir wissen es nicht. Lassen wir ihn tun und geben wir uns in seine Hand.

François Fénelon

*

Du weißt nicht, wie schwer die Last ist, die du nicht trägst.

Afrikanisches Sprichwort

Jesus, du hast gesagt,
wer mit dir leben wolle, werde mit dir sterben.
Das ist ein tiefer Trost in einem harten Wort.

Du willst, dass ich mich trenne
von meinen Lebenshoffnungen und Lieblingsgedanken.
Du willst, dass ich es mir gefallen lasse,
wenn die Menschen mich missverstehen.
Dass ich es ertrage, einsam zu sein.
Dass ich Mühen nicht fürchte
und die Angst vor dem Tod überwinde.

Das Leben verlieren

Der Hügel vor der Stadt mit den aufgerichteten Pfählen. Drei Menschen an drei Kreuzen in der Qual ihres Sterbens. Spottende Zuschauer. Der Tod, der über einen langen Tag hin allmählich eintritt.

Warum man sich dieses Bild immer wieder vor Augen stellt? Weil unsere Gefahr immer wieder ist, das Leiden anderer zu übersehen und die eigene Schuld zu vergessen. Vor allem deshalb, weil hier einer unseren Tod stirbt und weil durch seinen Tod der unsere frei wird von seinem Schrecken. Denn nun können Menschen sterben, ohne ihren Mördern zu fluchen. Nun können Menschen ihren Tod sterben im Frieden mit Gott und den Menschen: als den Schritt in das Reich der Gerechtigkeit und Liebe Gottes. Sie verlieren ihr Leben und wissen, dass sie das Leben finden.

*

Roger Peronneau, Student, geboren am 9. November 1920; zum Tod verurteilt am 23. März 1942; erschossen in Mont-Valérien am 29. Juli 1942 nach elfmonatiger Kerkerhaft, schreibt:

Innig geliebte Eltern, ich werde sogleich erschossen werden – um die Mittagsstunde, und jetzt ist es 9¼. Das ist eine Mischung von Freude und Erregung.

Verzeiht mir allen Schmerz, den ich Euch bereitet habe, jetzt bereite und noch bereiten werde. Verzeiht mir alle wegen des Bösen, das ich getan, wegen des Guten, das ich nicht getan habe.

Mein Testament ist kurz: Ich beschwöre Euch, Euren Glauben zu bewahren. Vor allem: keinen Hass gegen die, die mich erschießen. »Liebet Euch untereinander!«, hat Jesus gesagt, und die Religion, zu der ich zurückgekehrt bin und von der Ihr nicht lassen sollt, ist eine Religion der Liebe. Ich umarme Euch alle mit allen Fasern meines Herzens. Ich nenne keine Namen, denn es gibt deren zu viele, die in mein Herz eingeprägt sind.

Euer Euch innig liebender Sohn, Enkel und Bruder
Roger

Leo Baeck betet im Konzentrationslager:

Friede sei den Menschen, die bösen Willens sind,
und ein Ende sei gesetzt aller Rache
und allem Reden von Strafe und Züchtigung.
Aller Maßstäbe spotten die Gräueltaten;
sie stehen jenseits aller Grenzen menschlicher Fassungskraft,
und der Blutzeugen sind viele.
Darum, o Gott,
wäge nicht mit der Waage der Gerechtigkeit ihre Leiden,
dass du sie ihren Henkern zurechnest
und von ihnen grauenvolle Rechenschaft forderst,
sondern lass es anders gelten.
Schreibe vielmehr allen Henkern und Angebern und Verrätern
und allen schlechten Menschen zu und rechne ihnen an:
All den Mut und die Seelenkraft der andern,
ihr Sichbescheiden, ihre hochgesinnte Würde,
ihr stilles Mühen bei allem,
die Hoffnung, die sich nicht besiegt gab,
das tapfere Lächeln, das die Tränen versiegen ließ,
und alle Liebe und alle Opfer, all die heiße Liebe.
Alle die durchpflügten, gequälten Herzen,
die dennoch stark und immer wieder vertrauensvoll blieben
angesichts des Todes und im Tode,
ja auch die Stunden der tiefsten Schwäche.
Alles das, o Gott, soll zählen vor dir
für eine Vergebung der Schuld als Lösegeld,
zählen für eine Auferstehung der Gerechtigkeit.
All das Gute soll zählen und nicht das Böse.
Und für die Erinnerung unserer Feinde
sollen wir nicht mehr ihre Opfer sein,
nicht mehr ihr Albdruck und Gespensterschreck,
vielmehr ihre Hilfe, dass sie von der Raserei ablassen.
Nur das heischt man von ihnen,
und dass wir, wenn alles vorbei ist,
wieder als Menschen unter Menschen leben dürfen
und wieder Friede werde auf dieser armen Erde
über den Menschen guten Willens,
und dass der Friede auch über die anderen komme.

Christus in uns

Von beidem spricht das Neue Testament: dass wir in Christus seien und dass Christus in uns sei. Wir sind »in Christus« durch die Taufe und den Glauben. Christus ist gleichsam der schützende Raum, in dem wir leben. Christus ist umgekehrt »in uns« durch den Geist Gottes. Er ist die schaffende und verwandelnde Kraft Gottes, die in uns am Werk ist. Beides deutet an, wie eng wir »mit ihm« zusammengehören, wie wir »durch ihn« zu Gott gelangen, wie wir uns »auf ihn« berufen und verlassen, wie er »über uns« ist als der Herr und Auftraggeber unseres Lebens, wie er »in uns« ist und uns verändert und wie er zuletzt »für uns« eintritt. Das Ziel, das mit alldem gemeint ist, beschreibt Paulus mit dem Wort: »Ich lebe, doch nicht mehr ich, sondern Christus lebt in mir.«

So ist es auch zu verstehen, wenn wir »im Namen unseres Herrn Jesus Christus« beten, wenn wir Gott anreden »durch unseren Herrn Jesus Christus« oder ihn bitten »um unseres Herrn Jesus Christus willen«. Wir stellen uns gleichsam an seinen Platz und sprechen zu Gott »in seinem Namen«, das heißt, als seien wir identisch mit ihm. Wir sprechen die Gebete nach, die uns von Jesus Christus überliefert sind: »Unser Vater im Himmel«, oder: »Nicht mein, sondern dein Wille soll geschehen«, oder: »Vater, vergib ihnen«, und sprechen also zu Gott »durch« sein Wort hindurch, gleichsam durch das Medium seines Gebets. Wir sprechen sein Wort, als sei es unser eigenes, bis er selbst immer tiefer in unser Gebet eingeht.

*

Wer sich Jesus Christus ganz ergibt, der wird und muss sein Bild tragen. Er wird zum Sohne Gottes, er steht neben Christus als dem unsichtbaren Bruder in gleicher Gestalt als das Ebenbild Gottes.

Dietrich Bonhoeffer

Vater im Himmel,
durch unseren Herrn Jesus Christus
reden wir zu dir und beten dich an.
Durch ihn kennen wir dich.
Wie wir zu dir beten sollen, hat er uns gezeigt.
Wir sprechen zu ihm und vertrauen dem Geheimnis,
dass er für uns weiterspricht zu dir.
Er ruft dich an: »Vater!«,
und wir sprechen es ihm nach
und glauben, dass du bist, dass du hörst,
Vater im Himmel.

Wir fassen Mut, weil er neben uns ist.
Wir treten vor dich,
weil er sich vor uns gestellt hat.
Wir bitten, weil er für uns eintritt.

Im Namen unseres Herrn Jesus Christus
reden wir zu dir und preisen dich.
Wir tragen seinen Namen.
Wir sprechen zu dir mit seinen Worten.
Was wir bitten, ist sein Wille.
So lassen wir uns dir mit seinem Vertrauen
und sprechen in seinem Namen:
In deine Hände befehlen wir unseren Geist,
Vater im Himmel.

*

*Was soll der Mensch anders sein, als dass er
einen leeren Raum abgäbe, den die Kraft Christi
erfüllen und ganz einnehmen sollte?*

Johann Albrecht Bengel

Ich habe Jesus gefragt:
Wohin soll ich gehen?
Hast du eine Richtung für mich?
Was ist mein Ziel?
Und ich höre ihn sagen:
»Ich zeige es dir
in Spiegelungen und Gleichnissen.«

Ich höre ihn sagen:
»Geh den nächsten Schritt.
Nicht den Schritt bis ans Ende der Welt.
Nur den nächsten.
Lass dich einen Träumer schelten
von denen, die sagen:
›Mit beiden Füßen muss der Mensch
auf der Erde stehen!‹
Wer ein Ziel erreichen will,
muss unterwegs sein.
Wer mit beiden Beinen auf der Erde steht,
kommt nicht vorwärts.
Schau auf das Ziel hin
mit offenen Augen
und bleibe nicht stehen.
Komm!«

Der Student Christoph Probst, der dem Widerstand gegen Hitler angehörte, schrieb am Tag seiner Hinrichtung 1943, mit 23 Jahren, an seine Schwester:

»Ich habe nicht gewusst, dass Sterben so leicht ist.
Ich sterbe ganz ohne Hassgefühle.
Vergiss nie, dass das Leben nichts ist
als ein Wachsen in der Liebe
und ein Vorbereiten auf die Ewigkeit.«

*

Wir stehen im Morgen, aus Gott ein Schein
durchblitzt alle Gräber, es bricht ein Stein.
Erstanden ist Christus, ein Tanz setzt ein.

Ein Tanz, der um Erde und Sonne kreist,
der Reigen des Christus, voll Kraft und Geist,
der Tanz, der uns alle dem Tod entreißt.

An Ostern, o Tod, war das Weltgericht.
Wir lachen dir frei in dein Angesicht.
Wir lachen dich an, du bedrohst uns nicht.

Wir folgen dem Christus, der mit uns zieht,
stehn auf, wo der Tod und sein Werk geschieht,
im Aufstand erklingt unser Osterlied.

Am Ende durchziehn wir, von Angst befreit,
die düstere Pforte, zum Tanz bereit.
Du selbst gibst uns, Christus, das Festgeleit.

Auferstehung

Drei Tage nach dem Tod am Kreuz. Die Jünger schließen sich in ein Haus ein. Die Tür ist verriegelt, ähnlich dem Grab, das ein Stein verschloss. Drinnen horchen sie zitternd auf die Schritte, die draußen vorübergehen: ob da nur der Spott leichtfüßig vorbeiläuft oder schon die Stiefel der Macht gegen die Tür treten. Die Tür trennt die Welt gleichsam in zwei Hälften, die der Gewalt und die der Angst, und die Menschen selbst brauchen die Hälfte ihrer Kraft, um der anderen Hälfte dieser Kraft ein wenig Raum zum Atmen freizuhalten. Da tritt Jesus ein, als wäre keine Tür, und sagt: »Friede mit euch!« Und es ist, als heile er in diesem kurzen Gruß den Riss, der durch die Menschen und ihre Welt geht.

Das erste Wort, das Jesus zu den Menschen gesprochen hatte, war ein Wort der Entlastung gewesen. »Meine Last ist leicht«, hatte er ausgerufen. Wenn Jesus danach gesagt hatte, er sei »die Tür«, dann ist der, der gleich ihm durch eine Tür tritt, daran kenntlich, dass er nicht belastet, nicht zwingt, nicht Furcht verbreitet, sondern Ketten löst und Freiheit gibt. Denn der Mensch mit der Erfahrung der Auferstehung ist einer, der die Türen für die Menschen durchschreitet mit dem Gruß des Friedens und mit der heilenden Güte, die er von Gott hat.

Ich danke dir, Bruder Jesus,
der du mir das Ziel zeigst,
das mir selbst gesteckt ist.
Du warst gefangen und bist frei
und ich bin es mit dir.

Ich bin nicht mehr mein Sklave
und nicht mehr mein Kerkermeister.
Ich brauche mir nicht zu misstrauen.
Ich muss mich nicht hassen.
Ich brauche mich nicht vor mir zu fürchten,
denn ich bin frei durch dich.

Ich bin nicht mehr, was ich war.
Ich bin nicht mehr, was ich von mir selbst weiß,
sondern was du aus mir gemacht hast.
Du forderst keine Leistung.
Du verurteilst mich nicht wegen meines Versagens.

Ich war gefangen und bin frei.
Ich bin auf deinen Namen getauft.
Ich bin und bleibe dein Spiegelbild,
neu geschaffen durch deinen Geist.

Ich frage nicht mehr,
ob ich zu leben verdiene,
denn ich lebe durch dich.
Ich danke dir, Christus,
jetzt und in Ewigkeit.

Brot und Licht

Ich bin das lebendige Brot, das vom Himmel herabkommt.
Wer von diesem Brot isst, wird leben in Ewigkeit.

Johannes 6,51

*

Lebendiger Christus, du hast dich geweigert,
Brot aus Steinen zu machen.
Du sagst, dein Wort sei mein Brot.

Aber auch das Brot aus der Erde ist von dir.
Seit Menschen leben,
bist du es, der sie speist.

Ich danke dir für das Brot aus der Erde
und für das Brot, das vom Himmel kommt.
Ich esse, was du gibst.

Ich möchte das Geheimnis begreifen,
dass ich von einem Wort leben soll.
Ich möchte in dein Wort eindringen,
bis es mir Brot ist.

Ich möchte das Geheimnis begreifen,
dass das irdische Brot von dir kommt.
Ich möchte es immer dankbarer essen,
bis ich dir begegne in meinem Brot.

*

Du bist das Brot, vom Altar strömt dein Leben
in unser irdisch Leben ein.
Willst du dem Tische deinen Segen geben,
soll auch der Tisch geheiligt sein.
Was wir empfangen, wollen wir erheben,
wie du beim heil'gen Mahl getan.
Lass alle leben, Herr, von deinem Leben,
nimm auch die Toten gnädig an.

Reinhold Schneider

Aus der dunklen Erde
wächst das Brot.
Es braucht Licht, um zu gedeihen.

Du, Gott, hast das Licht geschaffen,
als du die Welt schufst,
durch deinen Geist und dein Wort.

Es wird ein Tag kommen,
an dem dieses irdische Licht erlischt
und du selbst unser Licht bist.

Wir aber sind Lichter für diese Welt nur,
wenn du uns neu schaffst
durch dein Wort und deinen Geist.

Ich möchte das Geheimnis begreifen,
dass du das Licht der Welt bist.
Ich möchte deine Klarheit schauen,
bis ich Licht habe auf meinem Weg.

Ich möchte das Geheimnis begreifen,
dass das irdische Licht von dir kommt.
Ich möchte es immer dankbarer genießen,
bis es ganz aus dir leuchtet.

*

Jesus sagt: Ich bin das Licht der Welt.
Wer mir nachfolgt,
wird nicht in der Finsternis irren,
sondern das Licht schauen
und das Leben finden.

Johannes 8,12

Freiheit atmen

Es war fünfzig Tage danach. Sie wussten es später nicht mehr anders zu deuten als so, dass sie erzählten: Ein Wind kam von Gott. Ein Feuer kam und wir waren verwandelt. Wir wussten, dass Christus bei uns ist. Wir konnten reden. Wir wussten, was wir zu tun hatten. Wir sahen plötzlich, wie der Weg, den wir mit Jesus gegangen waren, vor unseren eigenen Füßen weiterging: Er führte geradlinig unter die Menschen. Und nichts war uns mehr wichtig, als diesen Weg mit Jesus zu den Menschen zu gehen. Wir waren »ein Leib« mit ihm. Eine »Kirche«.

Sie erinnerten sich: Als Jesus noch mit ihnen in Galiläa unterwegs war, fuhren sie eines Tages allein auf dem See Genezareth. Ein Sturm kam auf und der kleine Kahn drohte zu kentern. Da kam Jesus in der Nacht über die Wellen gegangen und ehe sie es recht begriffen, waren sie am Ufer. Und sie verstanden: Ihr schwankendes Boot fuhr seinen Kurs in einem Wind, der von Gott kam. Dass sie in Gefahr gerieten, kam von Gott. Dass sie das Ufer erreichten, kam auch von ihm. Und Jesus ging ihnen voraus über die Wellen.

Noch weiter zurück erinnerten sie sich. Die Geschichte von der Schöpfung der Welt erzählte: Als noch alles in Finsternis und Wirrnis lag, da wehte Gottes Geist – einem Wind vergleichbar – über das Urchaos. Und als Gott dann sein Wort sprach, entstand eine Welt.

Und nun erlebten sie, wie es zugeht, wenn Gott Neues schafft: Wenn Gottes Geist hereinweht, hat der Mensch einen Weg vor sich, wo er bisher vor einer Wand stand. Er hat einen Auftrag, wo ihm bisher alles sinnlos erschien, einen Begleiter, wo er allein war. Er darf sich verändern, wo er sich bisher vergeblich um eine Änderung seines Wesens bemüht hatte. Er ist ein »neues Geschöpf«, nicht durch seine Bemühung, sondern durch die »Gabe des Geistes«. Und wir heutigen Christen tun gut daran, uns mit einer Besserung der Verhältnisse in der bestehenden Welt nicht zufriedenzugeben – auch wenn es sich lohnt, alle Kraft darauf zu verwenden –, sondern das Neue, das andere, die »neue Welt« und den »neuen Menschen« mitten in den alten mit ganzer Seele zu erwarten: als ein Geschenk des Geistes Gottes.

Jesus, unser Christus,
du hast uns zugesagt,
du wollest uns deinen Geist senden,
damit wir Liebende werden,
damit wir glauben können und Frieden finden.

Indem ich dir danke, erkenne ich,
dass ich das dankbare Wort nicht aus mir selbst habe,
sondern dass du es in mich gelegt hast,
in mich undankbaren Menschen.

Indem ich mich vor dir beuge, erkenne ich,
dass ich mich nicht aus eigener Kraft hingebe,
sondern dass du selbst dich in mir beugst
und mein starres Herz es dir nachtut.

Indem ich vor dir bleibe, erkenne ich,
dass ich nicht durch meine Treue bleibe
– die trägt nicht weit –,
sondern dass du mich festhältst.

Indem ich dich allein höre, erkenne ich,
dass es nicht meine Unabhängigkeit ist,
die mich frei macht von den anderen Stimmen,
sondern die Freiheit, die du mir geschenkt hast.

Indem ich mich allein auf dich verlasse,
verstehe ich, dass du mir
meine Sorge und Angst abgenommen hast
und Frieden und Vertrauen von dir sind.

Ich kann mich freuen. Ich habe keine Erklärung dafür.
Ich weiß nur: Das ist das Zeichen deines Geistes.
Ich halte die Menschen aus und erkenne:
Das ist dein Wunder in mir.

Jesus, mein Christus, ich bitte dich:
Gib mich nun nicht wieder mir selbst preis.
Lass mir dein Geschenk.
Lass mir deinen Frieden
und mein Vertrauen in dich.

Ich lebe mit mir selbst im Frieden.
Ich weiß jetzt besser, wer ich bin.
Ich muss meinen Wert nicht selbst schaffen.
Ich bin nicht gebunden an meine Leistung.
Ich scheitere nicht an meinem Versagen.
Ich kann aufatmen und leben.

Wenn ich falle, fängt mich einer auf.
Wenn die Nacht vorbei ist, wird Tag sein.
Ich höre eine ferne Musik.
Ich höre, alles sei gut.
Gott ist in allem. Er ist alles auch in mir.

Es gibt dunkle Mächte, aber nichts bedroht mich.
Ich kann mit allen meinen Plänen scheitern,
aber ich bin getragen.
Ich kann schwach werden,
aber ich brauche nicht
auf den eigenen Füßen zu stehen.
Es kann mir alles genommen werden,
aber nichts brauche ich festzuhalten.
Ich kann mir kein reines Herz bewahren,
aber Gott misst mich nicht an meiner Unschuld,
sondern an meiner Liebe zu denen,
die gleich mir schuldig sind.

Ich weiß, wo mein Dasein seine Würde empfängt.
Deine leise Stimme, Gott, sagt es mir.

Die wirkliche Zukunft
entspringt aus der Wirksamkeit
unseres Glaubens, unserer Hoffnungen
und unserer gemeinsamen Liebe.
Diese gewirkte Zukunft
muss unsere bloßen Vorstellungen
über die Zukunft
jeden Tag aufs neue
aus dem Felde schlagen.

Eugen Rosenstock-Huessy

*

Ist's etwas Großes, dass die Engel Gott loben?
Nein, denn wenn wir an ihrer Stelle wären,
würden wir es auch tun
– aber ich meine,
dass Hiob auf seinem Misthaufen Gott lobte,
das war etwas Großes,
und dies Lob gefiel Gott besser
als das Lob aller Engel.

Gerhard Tersteegen

Das Neue schaffen

Immer wieder werden im Alten Testament Menschen beauftragt, für andere das Medium zu sein, in dem sie Gott begegnen können. Die Bibel nennt sie »Knechte Gottes«. Und immer wieder hören im Neuen Testament einfache Leute den Ruf, Jesus zu begleiten und ihm das nachzutun, was sie ihn tun sehen. Sie heißen »Jünger«. Wer sich nicht zutraut, dafür geeignet zu sein, dem sagt Jesus in den Abschiedsreden: »Ich will dir den Tröster senden.« Er meint den Geist. Der Geist tröstet, indem er dem Mitarbeiter Gottes das irdische Werk Jesu vor Augen stellt. Denn auch Jesus selbst war in den Augen seiner Zeitgenossen eine durchaus fragwürdige Gestalt. Auch er war nicht erfolgreich in unserem menschlichen Sinn.

Jesus nennt den Geist auch den »Anwalt«. Denn wenn die Seinen nun auf dieser Erde wehrlos und armselig ihre Versuche anstellen, könnte ja einer kommen und sie anklagen: Ihr wollt Mitarbeiter Gottes sein? Und es könnte sein, dass der »große Ankläger« selbst – das Wort heißt im Hebräischen »Satan« – versuchte, ihnen das Elend ihrer Bemühungen vorzuhalten. Dann tritt der Geist für sie ein. Er weist auf den armen, irdischen Christus und deckt die Armut seiner Nachfolger.

Es bedeutet viel, dass der Jünger, auf den die Berichte des Johannesevangeliums zurückgehen, nicht »ich« sagt, wenn er von sich selbst erzählt, sondern »der Jünger, den Jesus liebhatte«. Vielleicht hatte er erkannt, wie wenig er ein »Ich« darstellt im Vergleich mit dem, der von sich sagt: »Ich bin.« Wie wenig es darauf ankam, dass sein Ich sich auswirkt und entfaltet, und wie sehr darauf, dass jenes andere, große Ich an seine Stelle tritt. »Nicht ich, sondern Christus lebt in mir«, sagt Paulus und spricht von seiner Arbeit. Und von hier aus kann er sagen: »Wo der Geist des Herrn ist, ist Freiheit«, ist Sorglosigkeit. Es bedarf keiner Bemühungen mehr, ein religiöses Genie oder bedeutender Mensch zu werden. Das Licht der Welt, meint Paulus, sind wir nicht dadurch, dass wir uns in die Sonne verwandeln, sondern dass wir der »Mülleimer aller Leute« sind – bereit, ihre Bosheit, Torheit, Verlassenheit auf uns zu nehmen, wie es Christus getan hat.

Christus, du hast uns gerufen.
Die Unruhe, die uns ergreift,
wenn wir dein Wort hören, beweist es.

Du kennst unsere Schwäche.
Du weißt, wie leicht wir den Mut verlieren.
Du weißt, wie ängstlich wir unsere Schritte setzen.
Führe uns.
Brauche uns und mache uns brauchbar.

Ich weiß nicht, ob etwas herauskommt
bei dem, was ich tun will auf dieser Erde.
Aber ich bin ein Werkzeug.
Das Werkzeug muss nicht wissen,
was der macht, der es gebraucht.
Du nimmst mich in die Hand.
Gebrauche mich.
Ich danke dir, dass du mich gebrauchst.

*

Gib, was du willst,
wie viel du willst und wann du willst.
Tu mit mir nach deinem Belieben,
wie es dir am besten gefällt
und so, dass man dich an deinem Werk erkennt.
Stelle mich hin, wo du willst,
und schalte frei mit mir in allen Stücken.
In deiner Hand bin ich.
Drehe und wende mich, wohin du willst.

Ich bin dein Knecht.
Ich bin zu allem bereit.
Denn ich will nicht mir selbst leben,
sondern dir,
und zwar ganz und gar
und so, wie es deiner würdig ist.

Thomas von Kempen

Das Glück wollen

Da kam ein Aussatzkranker und warf sich vor Jesus auf die Knie: »Herr, wenn du willst, kannst du mich heilen.« Und der Mensch tat Jesus leid. Er berührte ihn mit der Hand: »Ich will. Du sollst gesund sein.« Da schwand der Aussatz, und er wurde gesund.

Matthäus 8,2.3

Der Mitarbeiter Gottes muss darauf achten, dass er von seiner Arbeit nicht zu wenig erwartet. Es liegt nicht an ihm, ob Kranke an Leib oder Seele gesund werden. Aber er kann das Seine tun. Und es geschieht viel an Heilung einfach dadurch, dass jemand da ist, dem ein Kranker »leid tut« und der sich um ihn kümmert, das heißt, der sich »Kummer« um ihn macht. Das ist viel. Denn eigentlich haben Gesunde den spontanen Wunsch, gegenüber Kranken Abstand zu wahren. Verbindet sich aber ein Gesunder mit einem Kranken, entstehen heilsame Kräfte, denn Leib und Seele des Menschen sind eins. Wenn wir die Wechselwirkung zwischen dem Glauben und dem Zustand des Körpers verstehen und dabei barmherziger werden angesichts der Defekte auf der einen oder anderen Seite, können wir viel bewirken. Ich bin überzeugt, dass durch den Glauben, das heißt durch die Gegenwart Gottes, zwischen Helfenden und Leidenden viel mehr möglich ist, als die meisten heute für möglich halten.

Jesus will, dass wir nicht resignieren. Wir sollen es mit allem aufnehmen, worunter Gottes Geschöpfe leiden und was ihr Glück hindert. Wir sollen darauf hinarbeiten, dass Menschen gesund sind und sich an ihrem Leben freuen. Gott hat ihnen das Leben gegeben. Wenn wir helfen, dass sie leben können, wirken wir mit Gottes Willen zusammen.

Bruder Jesus,
du Arzt aus Nazareth,
wo du gingst, wurden Menschen heil
an ihrem Leib und an ihrer Seele.

Gib uns Augen zu erkennen,
was Menschen leiden an Leib und Seele,
und ein Herz, uns nicht damit abzufinden,
sondern mit dir zusammen auf die Zukunft zuzugehen,
von der du sprichst,
in der Qual und Schmerzen überwunden sein werden.

Du bist der Arzt.
Heile uns,
sodass unsere Füße Festigkeit haben zu stehen,
unsere Hände Kraft, zu wirken und zu segnen,
dass die Augen sehen, was in den Menschen ist,
und unsere Ohren das Leise und Unausgesprochene
vernehmen.

Denn durch deine Liebe heilst du,
was immer in unserer Seele krank ist.
Wir danken dir, dass du unser Glück willst
und unsere gesunde Kraft,
um sie weiterzugeben an jeden,
der ihrer bedarf.

*

Herr, indem ich mich mit der Liebe vereinige,
in der du auf der Erde gearbeitet hast
und immerfort wirkst ohne Unterlass,
gehe ich an die Arbeit zu deinem Ruhm
und zum Segen der Mitmenschen.

Du willst, dass ich tätig sei.
Du hast gesagt: Ohne mich könnt ihr nichts tun.
So bitte ich, dass mein Tun wie ein Tropfen im Strom
vereinigt und vollendet sei
in deinem unendlichen, vollkommenen Werk.

Mechthild von Hackeborn, 13. Jahrhundert

Das Fest feiern

Einmal besuchte Jesus in Kana in Galiläa eine Hochzeit. Da stellte sich während des Festes heraus, dass sie zu wenig Wein hatten. Nun standen dort sechs steinerne Wasserkrüge, und Jesus ordnete an: »Füllt die Krüge mit Wasser!« Und sie füllten sie bis an den Rand. Als aber der Festordner das Wasser kostete, trank er Wein und konnte sich nicht erklären, woher der Wein kam.

Johannes 2

Wer mit Jesus wirken will, versenke sich in die sieben Wunder, die das Johannesevangelium erzählt. Denn dort geht es immer um das Geheimnis der Verwandlung. Immer geht es um den Durchbruch einer geistigen Wirklichkeit in unsere Wirklichkeit herein. Die irdischen Zeichen für diese Transparenz sind Wasser, Brot und Wein. Eine Heilung geschieht am Teich Bethesda, eine am Teich Schiloach. Auf dem Galiläischen Meer gebietet Jesus den Wellen. In der Wüste gibt er Brot, auf einer Hochzeit Wein. Einem Vater, der um das Leben seines Sohnes bangt, sagt er: »Dein Sohn lebt.« Lazarus, seinen toten Freund, ruft er mit einem Machtwort aus dem Grab.

Wenn das Volk des Alten Testaments sagen wollte, der Jammer gehe ihm über die Kraft, dann gebrauchte es das Bild des Wassers: Das Wasser geht mir über die Seele. Das Wasser war das Zeichen für Leiden und Todesgewalt. Der Wein war das Bild für die Fülle und das Fest. »Füllt die Wasserkrüge und schöpft«, sagt Jesus. Und indem sie das Wasser des Leides schöpfen, indem sie gehorchen, geschieht die Verwandlung. Aus dem Wasser des Todes wird das Fest. Die Herrlichkeit Gottes offenbart sich nur, wo gehorcht und geschöpft wird, wo der Glaube bereit ist, durch merkwürdige und fremdartige Begebnisse hindurchzuschauen und dabei den Weg und das Werk Jesu zu betrachten – mehr noch: wo der Glaube selbst der Krug wird, in dem die Verwandlung des Daseins geschieht. Dann ist die Stunde, in der die Armut dieser Welt auf die Herrlichkeit Gottes hin durchscheinend wird. Dann ist »Hochzeit«. Und das geschieht keineswegs erst »drüben«, sondern sehr diesseitig in einem festlichen Augenblick, den wir feiern.

Gott, wir preisen dich,
wir beten dich an,
wir rühmen deine Wunder.

Wir erfreuen uns an dem festlichen Tag,
den wir aus deiner Hand empfangen.

Wir danken dir für das Mahl
und für allen Überfluss, den wir genießen.

Wir danken dir für den Trank,
Sinnbild und Zeichen des Fests.

Wir danken dir für alle Liebe, die uns umgibt,
für alle Nähe von Menschen, die wir lieben.

Wir danken dir, dass du uns Grund gibst,
fröhlich und guter Dinge zu sein.

Wir danken dir für dein Geleit
bis zu dieser Stunde.

Wir freuen uns über alles, was gelingen darf,
und glauben dir, dass zuletzt
unser ganzes Leben gelingen wird,

wenn wir nach aller Mühe
dein Fest feiern in Ewigkeit.

*

Einer der Rabbiner aus dem Chassidismus erzählte:

»Wie man Geschichten erzählen soll? So, dass sie einem selbst helfen! Mein Großvater war lahm. Einmal bat man ihn, eine Geschichte von seinem Lehrer zu erzählen. Da erzählte er, wie der große Baalschem beim Beten zu hüpfen und zu tanzen pflegte. Mein Großvater stand und erzählte, und die Erzählung riss ihn so hin, dass er hüpfend und tanzend zeigen musste, wie der Meister es gemacht hatte. Von der Stunde an war er geheilt. So soll man Geschichten erzählen!«

Dem Tod widerstehen

Ein Mann namens Lazarus wurde krank und starb. Da sprach Jesus: »Lazarus, unser Freund, schläft; ich will hingehen und ihn wecken.« Als er ans Grab kam, lag Lazarus schon seit vier Tagen aufgebahrt. Martha, seine Schwester, eilte Jesus entgegen und rief ihm zu: »Herr, wenn du da gewesen wärest, wäre mein Bruder nicht gestorben.« Jesus antwortete: »Dein Bruder soll auferstehen!« »Ja, ich weiß«, erwiderte Martha, »am letzten Tag der Welt.« Aber Jesus antwortete: »Die Auferstehung bin ich! Das Leben bin ich! Wer an mir festhält, wird leben, auch wenn er jetzt stirbt, und wer lebt und an mich glaubt, wird nicht sterben.« Und Jesus schrie mit gewaltiger Stimme: »Lazarus, komm heraus!« Und der Tote kam heraus. »Macht die Binden los!«, wies Jesus die Umstehenden an, »und lasst ihn nach Hause gehen.«

Johannes 11

Als die drei Frauen am Ostermorgen zum Grab kamen, in dem der tote Jesus lag, fragten sie sich: »Wer wälzt uns den Stein von der Tür des Grabes?« Der Tod war, das wussten sie, eine endgültige Sache. Das Grab und der schwere Stein davor waren der Beweis. Aber das Grab war nicht, wie sie meinten, das Ende. Es verwandelte sich. Ein Wort hörten sie: »Er lebt!« Und plötzlich war das Grab eine offene Stelle, durch die sie hindurchsahen in eine andere Wirklichkeit.

Heiliger Gott,
in deiner Hand verwandelt sich die Welt.

Unsere Erde, Schauplatz des Kampfes,
wird zu deinem Reich, zur Stätte deines Wirkens.
In den Menschen, in ihrer Torheit und Armut,
wagen wir, die kommende Verklärung
deiner Geschöpfe wahrzunehmen.

Unsere Freude, die so rasch vorübergeht,
wird uns zum Anfang bleibender Freude.
Der Augenblick des Glücks
zu einem Zeichen bleibender Fülle und Freiheit.

Nicht der Tod ist unser Erlöser,
weil er ein Ende macht,
unser Erlöser bist du, der du die Anfänge gibst.

Von dir, Gott, empfangen wir Leben,
wo der Tod regiert,
um hier, wo alles zu Ende geht,
aus der Fülle des Lebens zu wirken.
In dir kämpft das Leben gegen den Tod.

*

In Christus ist die Erde auferstanden.
In ihm ist der Himmel auferstanden.
In ihm ist die Welt auferstanden.

Ambrosius

Mit ganzer Seele wirken

Mensch gewordener Christus,
unser Auftrag ist von dir.

Du hast uns erwählt.
Du hast uns gesandt
zu denen in der Finsternis
und im Schatten des Todes.

Wir sollen nicht lärmen oder schreien,
wir sollen das zerdrückte Rohr nicht vollends zerbrechen
und den glimmenden Docht nicht auslöschen,
sondern dein leises und schützendes Wort sagen.

Gib uns einen klaren Blick für den Jammer der Menschen
und deine Einsicht in ihre Seele.
Gib uns Liebe für alles, was wir tun.
Gib uns Demut, dass wir es in deinem Namen tun.

Wir sehen dich vor uns.
Wir gehen deinen Kreuzweg mit.
Wir möchten in deiner Nähe leben.
Wir möchten dir zusehen,
damit wir, was wir tun, ganz tun.
Wir danken dir für das Glück,
mit dir, neben dir zu wirken.

Wir bitten nicht um Erfolg,
sondern um deinen Segen.
Nicht, dass du uns
von unserer Mühe befreist, bitten wir,
sondern dass du uns bewahrst
vor den Mächten der Finsternis.

In deinem Auftrag, Christus, soll alles geschehen.
Durch deinen Geist
und einer verwirrten Welt zugute.

Wollen, was Gott will

Das ist meine Befreiung:
dass ich bin, was du willst.
Wenn mir das gegeben wird,
dann werde ich zu einem Teil
deines göttlichen Werks.

Dem Weg gehorchen

Wenn das Volk von Jerusalem in der Zeit des Alten Testaments sich zum Gottesdienst versammelte und das Heiligtum betrat, sang es den Psalm, in dem es heißt: »Gehet zu seinen Toren ein mit Danken.« Das Tor, aus hartem Stein gebaut, war nicht nur ein Bauwerk, sondern darüber hinaus ein Gleichnis.

Wer den Vers mitspricht, mag sich daran erinnern, wie er einmal eintrat durch das Tor einer Burg in den engen Hof, durch das Tor einer alten Klosteranlage in die kleine, abgeschiedene Welt, durch das Tor einer Kirche in den hohen, stillen Raum. Da löst sich aus dem Gewirr der vielen kreuz und quer laufenden Wege ein einzelner, bestimmter, und man geht – es gibt gar keine andere Möglichkeit, denn rechts und links stehen die Mauern – einige Schritte lang durch einen engen und schmalen Torraum, aus der Freiheit in eine andere Freiheit.

Ein Tor sollte man dann und wann bewusst durchschreiten. Die Schwelle, die Pfeiler oder die Türbalken haben etwas zu sagen. Man wird merken, wie durch einen solchen Schritt ein wenig Freiheit und Klarheit in unser Gehen kommt. Es ist ja nicht dasselbe, innerhalb oder außerhalb eines Tors zu stehen. Das Tor ist die Grenze zwischen drinnen und draußen, zwischen Fremde und Behausung, Freiheit und festgelegter Ordnung, und es ist nicht gut, eine solche Grenze zu verwischen. Für das Volk des Alten Testaments war das Tor zum Heiligtum die Grenze zwischen Fremde und Gottesnähe, Verlassenheit und Gnade. Und die Baumeister unserer mittelalterlichen Kirchen haben das mit ihren starken Mauern, den Türmen über den Toren und den vielen Bildern vom Letzten Gericht über den Torbalken eindringlich dargestellt: dass das Tor eine Grenze ist und dass man eine solche Grenze nur durchschreiten soll, wenn man zuvor verstanden hat, was man tut.

In einem Tor schneiden sich zwei kräftige Linien: die Mauer und der Weg. Die Grenze und die Freiheit. Wenn nun jemand sagt: Nicht mein, sondern dein Wille geschehe, geht er über diesen Schnittpunkt. Er gibt es auf, mit dem Kopf durch die Wand zu wollen, und geht, dem Weg gehorchend, in die Freiheit.

Ich möchte wollen, Gott, wie du willst.

Ich gehe meinen Weg durch die Tage,
durch unzählige Tore.
Aus einem armen, leeren Tag in die Ruhe der Nacht,
aus der Ruhelosigkeit einer Nacht in einen reichen Tag.
Abend und Morgen sind die Tore, durch die du mich führst.

Meinen Weg gehe ich
und begegne Menschen.
Ich suche ihr Geschick, ihre Sehnsucht,
ihr Leid und ihre Mühe.
Ich möchte, dass du mich führst,
wenn ich zu den Menschen komme,
damit ich dich finde in ihren Gesichtern.

Dich suche ich, mein Gott,
auf meinen vielen Wegen.
Ich finde dich nicht,
wohin ich mich auch wende,
wenn du mir nicht das Tor öffnest.
Du selbst bist das Tor.

Mich selbst suche ich.
Aber ich finde keinen Weg zu mir.
Führe mich durch den Irrgarten meiner Seele
und zeige mir die Tür,
durch die ich zu dir eintreten darf,
damit ich nicht bei mir, sondern bei dir wohne.

Gott, du willst, dass ich mein Ziel finde.
So suche ich deinen Weg.

Rückblick

Ich erinnere mich. Ich blicke auf eine mehr oder minder lange Folge von Jahren zurück und frage mich, welchen Wert dies alles hatte. Das ist gut und ernüchternd. Gefährlich allerdings ist die Frage, die ich anschließe: Welchen Wert ich selbst demnach haben müsste. Denn diese zweite Frage bedeutet, dass ich nicht eigentlich zurückblicke, sondern mich selbst ins Auge fasse, dass ich mich in ein Karussell setze, das um die eigene Person kreist und das mir, wenn es nur lange genug in Bewegung ist, auf alle Fälle die Sinne verwirrt.

Eine Selbstkontrolle ist gut: Sie fördert ans Licht, was ich zuwege gebracht habe, was misslungen, was von meiner Mühe übrig geblieben ist. Aber bei dieser Bemühung, sich selbst ins Auge zu fassen, wuchern auch die Selbsttäuschungen. Die Mogeleien schleichen sich ein. Irgendetwas muss doch übrig geblieben sein? Also bleibt etwas übrig. Irgendeine Bedeutung muss ich für die Menschen doch gehabt haben? Also hatte ich sie, die Bedeutung. Der Sinn aber, nach dem man eigentlich sucht, zeigt sich nicht.

Es ist schrecklich, zuzusehen, wie ältere Menschen irgendetwas aus den Leistungen ihres Lebens herauskramen und sich daran festhalten, wie sie sich mit Wirkungen trösten, die von ihnen ausgegangen sind. Schrecklich ist es deshalb, weil sich hier, an der Unklarheit und dem Selbstbetrug, ständig Angst und Unsicherheit nähren.

»Habe deinen Weg lieb«, hat einer gesagt, »denn er ist der Weg des Lebens, und ihn schilt nur, wer ihn nicht versteht.« Nimm alles so, wie es geschehen ist, und betrüge dich nicht selbst. Denn aus diesem Ja zum eigenen Schicksal wächst die Gelassenheit, deren Menschen so sehr bedürfen, wenn sie auf ihr Leben zurückblicken. Aus diesem Ja wächst die Zuversicht, dass Gott meinen »Wert« anders und besser bestimmt, als es mir selbst möglich ist, und dass er andere Maßstäbe dafür hat als mein Wohlverhalten und meine Leistung. Es kann als ein Zeichen für die Übereinstimmung des Willens zwischen Gott und einem Menschen gelten, wenn der Mensch fähig wird, im Rückblick auf sein Leben auch sich selbst ein wenig zu lieben, ohne sich etwas vorzumachen.

Wenn ich zurückblicke, mein Vater,
begegne ich dir und deinem Willen.

Dein Wille ist geschehen,
als ich die Taufe empfing.
Ich bin nicht mein eigener Herr,
sondern dein Eigentum.
Ich bejahe deinen Willen.

Dein Wille ist geschehen
auf allen merkwürdigen Wegen,
die du mich geführt hast,
in allem Unerklärlichen und Seltsamen,
das in meinem Leben geschehen ist.
Ich bejahe deinen Willen.

Dein Wille ist geschehen
in den Tagen, an denen ich glücklich war,
an denen ich Liebe empfangen
und Erfüllung und Freude gefunden habe.
Alles Glück ist in Gefahr.
Ich bejahe deinen Willen.

Dein Wille ist geschehen
auch auf allen dunklen Wegen
der Not und der Angst.
Ich danke dir, dass ich nicht zugrunde ging.
Ich danke dir, dass ich meine Schuld nicht büßen muss.
Ich danke dir, dass ich eins bin mit dir
und nicht zerfallen mit mir selbst.

Dein Wille ist meine Kraft
in meiner Schwäche.
In nehme deine Kraft an und vertraue ihr.
Dein Wille ist es, der mich weiterführt
bis zum Ende meiner Tage und weiter.
Dein Wille geschieht.
Ich bitte dich,
dass er geschieht,
auch durch meinen Willen.

Dank

Das Danken fängt im Kleinen an, es richtet sich zunächst nicht auf Gott, sondern auf Menschen, und es besteht darin, dass man einen Menschen deshalb achtet und zu ihm steht, weil man etwas durch ihn empfangen hat. Die jüdische Weisheit sagt: »Wirf keinen Stein in einen Brunnen, aus dem du getrunken hast.«

Viele haben Mühe zu verstehen, was es heißen soll, Gott zu »danken«. Was geschieht eigentlich dabei außer ein paar Worten? Manche afrikanische Völker beschreiben sehr anschaulich, was geschieht, wenn bei ihnen jemand einem Menschen dankt: Bei den Basuto heißt es: »Das hast du gut gemacht!« Bei den Herero sagt man: »Das war nötig!« Bei den Zulu: »Du bist mir eine gute Milchkuh!« Indem jemand dankt, verlässt er sich darauf, dass der andere wieder so handeln wird, wenn es wieder nötig ist. Das Leben wird verlässlicher unter denen, die einander danken, und die Übereinstimmung zwischen den Gedanken des einen und des anderen, dem Willen des einen und des anderen wird größer.

*

Rabbi Michael, ein Chassid, lebte in großer Armut, aber die Freude verließ ihn nicht für eine Stunde. Jemand fragte ihn, wie er jeden Tag beten könne: »Gesegnet, der mir alles, dessen ich bedarf, gewährt.« Er wisse doch, dass ihm alles fehle, wessen der Mensch bedarf. »Sicherlich ist wessen ich bedarf die Armut. Und die ist mir gewährt«, antwortete der Rabbi.

*

Im normalen Leben wird es einem gar nicht bewusst, dass der Mensch unendlich mehr empfängt, als er gibt, und dass Dankbarkeit das Leben erst reich macht. Man überschätzt leicht das eigene Wirken und Tun in seiner Wichtigkeit gegenüber dem, was man nur durch andere geworden ist.

Dietrich Bonhoeffer

Alles, mein Gott, kommt von dir:
Licht und Finsternis, Glück und Leid.
Ich danke dir, dass ich das weiß.

Nichts geschieht von selbst.
Dass es Tag wird, danke ich dir,
und dass es Nacht wird
und der Tag sein Ende findet.

Millionen Jahre waren, ehe es mich gab.
Jahrmillionen werden nach mir sein.
Ein paar kurze Jahre scheint mir die Sonne,
ein paar Sommer lang ist für mich Tag
auf dieser Erde.
Für diese Spanne Zeit danke ich dir.

Alles, was ich erlebe, ist dein Geschenk.
Alle Liebe, die ich gebe oder empfange,
jeder Handgriff, der gelingt,
jeder Gedanke, den ich verstehe.

Was ich bin und habe, ist dein Wunder.
In allem sehe ich deine Absicht.
Ich danke dir
mit ganzem Herzen.

Führung

Ich denke da an mich selbst, wie es in mir hin und her treibt und bald dies und bald das die Herrschaft hat – und dass das alles ein einziges Herzquälen ist und ich dabei auf keinen grünen Zweig komme. Und dann denke ich, wie gut es für mich wäre, wenn doch Gott allem Hin und Her ein Ende machen und mich selbst führen wollte.

Matthias Claudius

*

O Herr, gütiger Vater,
ich begehre nicht das Deine, sondern dich.
Dich selbst will und suche ich.
Es ist gut so,
dass du mir gibst, so viel du willst,
und aus mir machst, was du willst.
Du hast das Recht und die Einsicht.
Du bist der Herr,
ich aber dein armer, unbrauchbarer Knecht.
Du hast Recht und Gewalt über mich,
ich nicht über dich.
Darum will ich unablässig an dich denken
und mein Herz mit deiner Güte stillen.
Ich will weder sein noch nicht sein,
weder leben noch sterben,
weder wissen noch nicht wissen,
weder haben noch entbehren:
Allein was du willst, wie viel du mir geben willst,
darauf will ich täglich warten und dich gleich lieben.

Kaspar Schwenckfeld

*

Ich hasse von Herzen die großen Sorgen, von denen du, wie du schreibst, verzehrt wirst. Dass sie dein Herz so beherrschen, daran ist nicht die Größe der Gefahr, sondern die Größe unseres Unglaubens schuld.

Martin Luther in einem Brief an Philipp Melanchthon

Gott aller Güte, in deinen Händen
sind mein Leib und mein Geist.
Ich kann mein Leben nicht planen,
nicht machen und nicht voraussagen.
Aber ich danke dir,
dass ich deine Führung erkenne.

Ich staune über den Plan,
nach dem mein Leben verläuft.
Über die Wendungen in meinem Schicksal
und über seine Geradlinigkeit.

Du greifst ein und manchmal erkenne ich,
dass es so kommen musste.
Du machtest meine Pläne zunichte
und am Ende entdeckte ich: So war es gut.

Ich weiß, mein Gott,
dass du mich am Leid nicht vorbeiführst,
aber du führst mich hindurch.
Und wenn ich im finsteren Tal wandere
und deine Hand nicht finde,
so fürchte ich doch kein Unglück,
denn du bist bei mir.

Ich vertraue dir, liebender Gott,
auch wenn ich nichts verstehe.
Ich überlasse mich dir.
Tu du mit mir, was du willst.

Ich vertraue mich deiner Hand an.
Einzig dies wünsche ich,
dass dein Wille sich an mir erfüllt.

Bejahung

Ich glaube an dich, Herr,
aber mache meinen Glauben fest.
Ich hoffe auf dich, aber stärke du meine Hoffnung.
Ich liebe dich, aber gib mir glühendere Liebe.
Ich bereue, aber hilf mir tiefer bereuen.
Dir weihe ich meine Gedanken,
dass ich an dich denke,
meine Worte,
dass ich von dir spreche,
meine Taten,
dass ich sie nach dir einrichte,
meine Leiden,
dass ich sie dir zuliebe ertrage.
Ich will, was du willst,
weil du es willst, so, wie du es willst,
so viel du willst. Amen.

Clemens XL

*

Nichts tröstet mächtiger als die Gewissheit, mitten im Elend von der Liebe Gottes umfangen zu werden.

Johannes Calvin

*

Es gefällt dem Herrn,
in der Nacht zu kommen,
darum fürchte die Nacht nicht.

Heinrich Jung-Stilling

*

Wir dürfen nicht erwarten, ganz nach Gefallen auf Federbetten in den Himmel zu kommen. Das ist nicht der Weg, denn unser Herr selbst kam durch große Beschwerden und Trübsale dorthin und der Diener soll nicht erwarten, es besser zu treffen als sein Meister.

Thomas Morus

Mein Vater, ich überlasse mich dir,
mach mit mir, was dir gefällt.
Was du auch mit mir tun magst, ich danke dir.
Zu allem bin ich bereit, alles nehme ich an.
Wenn nur dein Wille sich an mir erfüllt
und an allen deinen Geschöpfen,
so ersehne ich weiter nichts, mein Gott.
In deine Hände lege ich meine Seele;
ich gebe sie dir, mein Gott,
mit der ganzen Liebe meines Herzens,
weil ich dich liebe und weil diese Liebe mich treibt,
mich dir hinzugeben,
mich in deine Hände zu legen, ohne Maß,
mit einem grenzenlosen Vertrauen;
denn du bist mein Vater.

Charles de Foucauld

*

O Herr, ich gebe mich ganz in deine Hände.
Mache mit mir, was du willst!
Du hast mich für dich geschaffen.
Was willst du, dass ich tun soll?
Geh deinen eigenen Weg mit mir!
Was du auch forderst, ich will es tun.
Ich opfere dir die Wünsche,
die Vergnügungen, die Schwächen,
die Pläne, die Meinungen,
die mich fernhalten von dir
und mich zurückwerfen auf mich selbst.
Ich will das sein, wozu du mich haben willst,
und all das, wozu du mich machen willst.
Ich sage nicht: »Ich will dir folgen, wohin du gehst«,
denn ich bin schwach. Aber ich gebe mich dir,
dass du mich wohin immer führst.
Ich will dir im Dunkel folgen
und bitte nur um Kraft für meinen Tag.

John Henry Newman

Du sorgst für mich, Gott.
Wozu mache ich mir Sorgen?
Was ein Hirte ist für ein Tier,
bist für mich du, mein Vater.

In reicher Aue ist meine Weide,
frisches Wasser quillt für mich,
wohin immer du mich führst.
Lebensfülle gibst du und Kraft.
Mein Weg kann nicht irren,
denn du bist es, der mich führt.
Und wenn ich wandere im Tal des Todes,
so gehe ich doch im Frieden.

Wenn die Lichter verlöschen,
wenn ich einsam bin und verlassen,
wenn ich mich fürchte vor dem,
was auf mich zukommt,
und wenn ich schuldig bin vor dir, Gott,
und deine Hand nicht finde,
bin ich doch nicht verlassen,
denn du bist bei mir.

Du machst meine Seele rein
und kleidest mich festlich.
Ich bin dein Gast, mehr noch:
dein Freund und dein Kind.
Du bereitest mir einen Tisch
und sagst: Komm und iss!
Du reichst mir den Becher
und sagst: Nimm und trink!

Glück gibst du und Frieden.
Was gebe ich dir dafür?
Nicht anders kann ich dir danken,
als dass ich annehme, was du mir gibst.
Mit Güte und Freundlichkeit
umgibst du mich, solange ich lebe,
und ich habe Wohnrecht in deinem Haus
in Zeit und Ewigkeit.

Nach Psalm 23

Herr, ich weiß nicht,
worum ich dich bitten soll.
Du allein weißt, was wir brauchen.
Du liebst mich mehr,
als ich mich selbst zu lieben weiß.
O Vater, gib deinem Kind,
was es selbst nicht zu erbitten weiß.
Weder Prüfung noch Trost
wage ich zu erbitten,
nur anwesend bin ich vor dir
und öffne mein Herz.

Sieh, was ich brauche und es doch nicht weiß;
sieh her und sei barmherzig mit mir.
Verwunde oder heile mich,
beuge mich oder richte mich auf;
jeden deiner Ratschlüsse bete ich an,
auch wenn ich sie nicht kenne.
Ich schweige;
ich opfere mich,
ich lasse mich dir.
Nichts anderes wünsche ich noch,
als deinen Willen zu erfüllen.

François Fénelon

Trotz allem glauben

Ich opfere dir auf, o Gott, meinen Geist. Ich opfere dir auf mein Herz mit all seinen Befürchtungen und Wünschen ohne jeglichen Vorbehalt. Ich opfere dir auf meine Seele mit all ihren Fähigkeiten. Ich opfere dir auf meinen Leib, meine Gesundheit, meine Kräfte, mein Leben; verfüge darüber nach deinem Wohlgefallen.

Mein Herz ist bereit, o Gott, mein Herz ist bereit! Es ist bereit, Glück zu empfangen oder in Unglück gestürzt zu werden; es ist bereit, alles zu tun, alles zu dulden; es ist bereit zu leben, bereit zu sterben; es ist bereit zu allem, was du in Zeit und Ewigkeit darüber verhängen magst.

Jean Crasset

*

Wer so sprechen kann, ist glücklich. Wir wissen aber, dass auch ein Heiliger die Überschwänglichkeit eines solchen Gebets nicht jeden Tag und jede Stunde durchhält. Nicht, weil er zu menschlich und zu schwach ist, sondern deshalb, weil es von Gott so geordnet ist, dass auch die, die ihm ihren Willen opfern, dieses Opfer von Mal zu Mal neu durchbuchstabieren müssen.

Wenn wir den Willen Gottes bejahen, haben wir damit unsere Not nicht überwunden. Wir haben noch keine Deutung für unsere Schwermut und unser Elend. Wir sind vielleicht im Gegenteil sensibler geworden für die Abgründigkeit unseres Leids und anfälliger für alle dunklen Gedanken. Wir wissen noch lange nicht, dass es ein Durchkommen gibt, ein Ziel, eine Befreiung, eine Heimkehr, eine Lösung aller Fragen. Wir glauben es. Das ist, am Maß der Not gemessen, wenig. Es ist aber das Größte, das wir in dieser Welt erlangen werden.

*

Du sollst, wenn ein Leiden da ist, dich nicht mit dem Ende desselben trösten, sondern du sollst dich demselben unterwerfen, solange es währt, und dabei dich zugleich auf ein kommendes vorbereiten.

Heinrich Suso

Gott, ich bejahe deinen Willen.
Ich möchte ihn bejahen.
Hilf mir. Ich kann es nicht allein.

Ich bin stumm und stumpf in mir selbst.
Ich fange nicht einmal damit etwas an,
dass ich zu dir spreche.

Ich weiß, dass du mich hörst,
und ich weiß dennoch nicht, warum ich sprechen soll.

Ich weiß, dass du mich führst,
und weiß dennoch keinen Weg.

Ich weiß, dass du mir mein Geschick zuteilst,
und kann es dennoch nicht annehmen.

Ich weiß, dass du meine Seele hebst und trägst,
und versinke dennoch in meinen schweren Gedanken.

Ich weiß, dass mein Wille und der deine eins sind,
und werde dennoch meine Angst nicht los.

Ich weiß, dass du mir Freiheit zugedacht hast,
und lebe doch im Kerker.

Ich weiß, dass dein Zeitplan anders ist als der meine,
und habe dennoch keine Geduld.

Es ist leer in mir. Ich wiederhole die Worte,
die ich früher einmal verstanden hatte.
Sprich du wieder zu mir, dass ich dich höre.
Ich weiß, dass ich dir am nächsten bin,
wenn ich mich ängste.
Ich weiß, dass du mich hältst, auch wenn ich falle.

Nein, ich weiß es nicht. Ich glaube es.
Ich möchte es glauben.
Trotz allem. Hilf mir.

Verlorenheit

»Des Menschen Sohn ist gekommen zu suchen und zu retten, die verloren sind.« Wer sind die Verlorenen? Ein Geldstück, das unter dem Schrank liegt, ist verloren, weil es dort keiner sucht. Ein Ring, der von einer Brücke in einen Fluss fällt, ist verloren, weil das Wasser über ihn hinwegströmt, der Sand ihn zuspült und es unmöglich ist oder sich nicht lohnt, ihn dort zu suchen.

Das ist entscheidend: Es lohnt sich nicht. Es ist zu mühsam. Wer wird sich die Mühe machen, einem seelisch kranken Menschen in die verborgenen Kammern seiner gequälten Gedanken zu folgen? So bleibt er allein. Bleibt »verloren«. Niemand findet ihn. Niemand fängt etwas mit ihm an. Niemand braucht ihn. Niemand kann ihm sagen, wozu es ihn gibt. Und in der Regel sind freundliche Erklärungen oder Hinweise auf seine Nützlichkeit kein Trost für ihn. Er bleibt der Gemiedene, der Gezeichnete, der Ungeliebte oder der Vergessene.

Christus sagt, er sei gekommen, die Verlorenen zu retten. Er begab sich dorthin, wohin andere ihren Mitmenschen nicht folgten, und sagte ihnen mit anderen Worten, Gott habe ein Bild von ihnen bewahrt durch alle Zerstörung und Verkümmerung der Seele hindurch. Auch ihr Leben habe den Sinn, geliebt zu sein.

*

Herr Jesus Christus,
wie viele Male wurde ich ungeduldig.
Wollte verzagen,
wollte alles aufgeben,
wollte den furchtbar leichten Ausweg suchen:
die Verzweiflung.
Aber du verlorst die Geduld nicht.
Ein ganzes Leben hieltest du aus und littest,
um auch mich zu erlösen.

Sören Kierkegaard

Christus, mein Hirte, du hast mich gefunden.
Das will ich festhalten.
Aber ich selbst habe mich verloren.

Ich sehe nicht, wozu ich durchhalten soll.
Ich sehe kein Ziel und keinen Sinn,
keine Gerechtigkeit und kein Erbarmen.
Es fehlt nichts, wenn ich fehle.
Es hilft niemandem, wenn ich mich überwinde.
Niemand kennt mich, wie ich wirklich bin,
auch ich selbst nicht.

Du bewahrst mein Bild bei dir
in der Zeit der Finsternis und der Verlorenheit
und rufst mich wieder, wenn es Zeit ist.

Das höre ich:
Am Morgen des Ostertags
stand Maria vor dem Grab und weinte.
Am hellen Tag stand sie in der Finsternis.
Da sagtest du: »Maria!«

Mein Hirte, sprich mich an mit dem Namen,
den ich bei dir trage,
und verwandle mich,
befreie mich, erlöse mich,
dass ich dich finde.

Christus, ich bin nichts.
Aber ich bin dein.

Zweifel

Ich gehe meinen Weg so durch den Tag.
Ich sehe die Menschen, ich höre sie.
Ich tue, was ich tun muss,
und hoffe, dass mir das eine oder andere gelingt.
Aber Gott ist weit entfernt.
Ich fühle ihn nicht. Ich höre ihn nicht.
Jedes Geldstück ist wirklicher als er.

*

Natürlich weiß ich,
dass du der heilige Gott bist.
Ich weiß, dass deine Ferne täuscht
und dass du bedrängend nahe bist.
Natürlich weiß ich, dass du mich forderst,
dass du mich prüfst und meinen Unglauben siehst.
Ich weiß natürlich auch,
dass ich nirgends behüteter bin als bei dir.

Aber ich lebe, als wäre das alles nicht wahr.
Das ist es: Es ist mir unwichtig,
obwohl ich es weiß.
Und wenn ich zu dir spreche,
dann ist es leer hinter den Worten.

Vielleicht wehre ich mich dagegen,
dass ich schuldig sein soll,
und schließe mich gegen dich ab.
Vielleicht fürchte ich mich davor,
dass du meine Masken wegnimmst
und ich dastehen soll mit dem eigenen Gesicht
und meiner ganzen Unklarheit.

Ich bitte dich nicht darum, dass der Zweifel endet,
sondern dass ich Dein bleibe trotz allem.
Ich bitte dich um die Gnade der Geduld,
mich selbst zu ertragen, bis ich wieder glaube.
Um Geduld, bis du wieder sprichst
und wieder Klarheit ist zwischen dir und mir.

Ich bin nicht gottlos.
Nein, ich lebe, als gäbe es keinen Gott,
und glaube dennoch an ihn.
Viele sehe ich, denen es geht wie mir.
Christus, ich bitte dich für uns alle.

Ich bitte aber auch für alle,
die deshalb nicht glauben,
weil wir Glaubenden gespalten sind;
für alle, denen wir im Weg stehen,
weil es uns nicht gelingt,
glaubwürdig mit dir zu leben.

Ich weiß, auch der Glaube hat seine Gezeiten,
seinen Tag und seine Nacht.
Er kommt wieder, wenn ich gewartet habe,
einen langen Tag oder eine lange Nacht.
Ich weiß, dass es mir nicht an der Begabung fehlt,
sondern an der Treue,
und dass ich dich wieder fassen werde,
wenn ich nicht weglaufe.
Ich werde beten, auch wenn du fern scheinst.
Denn der Glaube lebt davon,
dass mein Gebet nicht aussetzt.

Jesus Christus, du hast uns den Glauben vorgelebt.
Gib uns Glauben.
Wohin sollen wir gehen außer zu dir,
wenn unser Glaube erloschen ist.
Glaube an unserer Stelle,
damit unser Glaube anfängt zu leben
in der Stunde, die du bestimmst.

Schuld

Gott unser Vater, du Licht der Welt,
es ist so unendlich schwer,
Gut und Böse zu erkennen.
Wir bemühen uns täglich.
Und wir erleiden es jeden Tag,
dass wir die Schuldigen
von den Unschuldigen
nicht unterscheiden können.
Wer in Schuld gerät,
braucht nicht böse zu sein,
wer unschuldig ist, nicht gut.

Vieles, was unseren Vätern heilig war,
was sie für deinen Willen hielten,
ist für uns eine überholte Meinung.
Manches, was unsere Väter bekämpften,
weil sie meinten, es sei böse,
könnte heute unser Auftrag sein.

Viele Menschen wollen deinen Willen tun
und dienen doch, ohne es zu wissen, sich selbst.
Wie sollen wir unsere Schuld erkennen,
wenn wir uns um deinen Willen bemühen
und unsere Tat doch aus Unglauben erwächst?

Wir haben uns diese Verwirrung
nicht gewählt. Wir finden uns darin vor.
Wir klagen dich nicht an,
sondern beugen uns vor dir
und bitten dich um Klarheit.

Handle du durch uns.
Du allein weißt, was gut ist
in dieser verwirrten Welt
und in unseren ratlosen Herzen.

Gott, du ewige Weisheit, wir prüfen uns vor dir.
Wir bekennen dir unsere Schuld.
Wir bereuen, was wir getan haben,
und du vergibst uns.

Und doch bleibt alles beim Alten.
Das, heiliger Gott, ist es,
was uns den Mut nimmt.
Wir werden nicht besser vor uns selbst
und nicht glaubwürdiger in den Augen der anderen.

Wir reden von Freiheit und bleiben gebundene Menschen.
Wir halten uns fest an unserer eigenen Moral
und erstarren in unseren Grundsätzen.
Wir verkaufen unsere Freiheit
um das Linsengericht der Rechtschaffenheit.

Immerfort denken wir an unsere Sünden
und werden sie gerade dadurch nicht los.
Wir wühlen in unserer Vergangenheit
und bringen, was gewesen ist,
nur noch mehr in Verwirrung.

Doch wir haben diese Last nicht gesucht.
Du hast sie uns auferlegt.
Damit klagen wir dich nicht an,
sondern beugen uns dir.
Wir glauben nicht mehr an unseren Fortschritt,
sondern an dich und deine Liebe.

An Jesus lesen wir deine Liebe ab. Er hat gesagt:
»Kommt her zu mir, die ihr mühselig und beladen seid.«
Ewige Weisheit, wir sind beladen mit uns selbst.

Doch du hast gesagt:
»Wer zu mir kommt, den werde ich nicht hinausstoßen.«
Wir bitten dich: Nimm uns auf.

Verdammnis

Wunderschöne Worte stehen in der Bibel
über die Erwählten.
Aber ich höre sie nur wie aus der Ferne.
Sie gelten nicht für mich.

Ich bin unwürdig. Ausgeschlossen.
Was will Gott mit mir anfangen?
»Gott« – sage ich und weiß kaum, was ich damit sage.
Ich habe ihn nicht. Er ist nicht bei mir.

*

Man sagt mir: Du musst Jesus zuhören.
Aber auch er spricht aus weiter Ferne.
Ich höre nur meine eigene Stimme sagen:
Es ist keine Hoffnung.
Du bist schuldig.
Du bist böse.
Du bist ohne Liebe.
Du bist verloren.
Du bist verdammt.

Man sagt mir: Du musst für Gott etwas tun!
Aber was soll ich tun? Ich bin leer.
Ich bin ausgebrannt.
Ich habe keinen Trost. Wie soll ich andere trösten?
Jeden Tag verrate ich Gottes Auftrag.
Wie soll ich ihn erfüllen?

Man sagt mir: Du bist Gottes Kind.
Ich weiß aber, dass ich verlassen bin,
dass ich nur mit mir selbst rede.
Allein mit meiner eigenen Verzweiflung.
Ich frage tausendmal: Warum? –
und erwarte keine Antwort.
Die Antworten, die für andere gelten, gelten nicht für mich.

Ich weiß nicht mehr, wer du bist, Gott,
aber ich will zu dir reden.
Ich will dich hören.
Ich will mich selbst hinter mir lassen
und dich suchen.

Barmherziger Gott, hilf mir.
Rette mich aus meiner Stummheit.
Befreie mich aus meiner Einsamkeit,
wenn ich dein Kind bin,
wenn du mich meinst,
wenn ich etwas gelte bei dir.

Ich weiß nicht, wohin dein Wille
mich führen will.
Aber ich will ihm zustimmen.
Ich will wollen wie du,
so habe ich dich nicht verloren.
Wenn ich will wie du,
ist deine Hand bei mir,
mitten in der Hölle.

Vielleicht willst du,
dass ich in der Angst bleibe,
in der Ferne von dir.
Dann soll es so gut sein.
Dann will ich es auch.
Dann aber bin ich nahe bei dir.
Dann bin ich auch mitten in der Hölle
nahe deinem Erbarmen.

*

Wenn unser Herz uns verdammt, dann wissen wir
und können unser Herz damit stillen,
dass Gott größer ist als unser Herz
und dass alles vor seiner Liebe offen daliegt.

1. Johannes 3,20

Mit Christus in der Wüste

Und der Geist Gottes trieb Jesus in die Wüste. Er fastete dort vierzig Tage und Nächte, bis der Hunger übermächtig wurde. Da trat der Versucher an ihn heran und flüsterte ihm ein: »Bist du wirklich der Sohn Gottes? Dann sprich doch ein Wort, und aus diesen Steinen wird Brot!« Er gab zur Antwort: »In der Schrift steht: Der Mensch lebt nicht vom Brot allein, sondern von jedem Wort, das Gott zu ihm spricht.«

Matthäus 4,1–4

*

Ein Prophet des Alten Testaments, Elija, flüchtete, als er an seinem Auftrag verzagte, in die Wüste, setzte sich unter einen Wacholder, wünschte sich den Tod und sprach: »Es ist genug! Herr, nimm mein Leben! Ich erreiche nicht mehr als meine Väter!« Und dabei stand hinter ihm der Engel Gottes, noch während er so sprach, brachte ihm Brot und Wasser und befahl ihm, weiterzugehen bis zum Berg Gottes. (1. Könige 19)

*

Die beiden Erzählungen beschreiben, was die Väter der frühen Kirche meinten, wenn sie sagten, es komme darauf an, mit Christus in der Wüste zu sein. Denn die Wüste ist entweder ein Ort der Verzweiflung und des Todes und sonst nichts, oder aber ein Ort der Verzweiflung und des Todes, an dem uns Christus begegnet und uns auf das geschriebene Wort verweist.

Glücklich, denen du Kraft gibst,
wenn sie auf dem Wege sind zu dir.
Wenn sie durch das trockene Tal ziehen,
das Tal in der Wüste,
lässt Gott für sie Quellen rinnen
und Regen fallen, dass es blüht wie ein Garten.
Sie wandern mit wachsender Kraft,
bis sie Gott finden auf dem heiligen Berg.

Psalm 84

Christus, du Quell in der Wüste, du siehst mich.
Du siehst meine trostlose Einöde.
Sprich zu mir, dass ich dich finde,
wenn ich dich in der Verlassenheit suche.
Du hörst mich, wenn ich sage:
Wäre ich Gottes Kind,
so würde aus diesen Steinen Brot.
Hilf mir, meine Gedanken zu entlassen
und mich an deinem Wort festzuhalten.

Gib mir Geduld zu warten,
bis du bei mir bist.
Zeige mir deinen Willen
und lass meinen Willen gleich sein
dem deinen. Sei du meine Kraft.
Sei du mein Friede. Sei du mein Weg.
Ich danke dir, dass du bei mir bist.

*

Treuer Christus,
ziehe uns schwache Menschen dir nach.
Wenn du uns nicht ziehst,
können wir dir nicht folgen.

Gib einen tapferen und willigen Geist,
und wenn wir schwach sind,
so gehe deine Gnade voraus,
denn ohne dich können wir nichts tun,
besonders nicht in den grausamen Tod gehen
um deinetwillen.

Gib einen willigen Geist
und ein furchtloses Herz,
rechten Glauben, feste Hoffnung
und vollkommene Liebe,
dass wir geduldig und fröhlich
unser Leben hingeben.

Johannes Hus vor seinem Tod

Wenn ein Gott ist, höre, Gott!
Höre mich, ich will dir klagen.
Siehst du nicht, wie wir verzagen
vor dem Elend, vor dem Tod?
Höre, Gott, die Zeit verrinnt,
meine Jahr', mein Tag' vergehen,
meine Kraft, mein Mut verwehen
wie ein dünner Rauch im Wind.

Fremd ist der mir, der ich bin.
Niemand kann ein Ziel mir zeigen.
Nichts dringt her aus deinem Schweigen.
Unbegreiflich bleibt der Sinn.
Warum so viel Not und Leid?
Wozu so viel Streit und Hassen?
Warum hast du mich verlassen
hier in Angst und Dunkelheit?

Bruder Christus, abgrundtief
hast du für die Welt gelitten,
einsam in der Hölle Mitten,
bis dich Gott ins Leben rief.
Du bist Gottes Angesicht.
Nur um deiner Liebe willen
will ich meine Fragen stillen,
Bruder Christus, Trost und Licht.

Warum, Herr, hast du mir auferlegt,
diese Wüste zu durchqueren?
Ich quäle mich in den Dornen.
Ein Zeichen von dir genügt,
dass sich die Wüste verwandelt,
dass der helle Sand und der Horizont
und der große, friedliche Wind
mich nicht mehr zusammenhanglos umgeben,
sondern als ein weites Reich,
in dem ich mich begeistere,
sodass du mir in ihm
begreiflich wirst.

Antoine de Saint-Exupéry

Der Geist der Freiheit

Der Herr ist der Geist.
Wo aber der Geist des Herrn ist, da ist Freiheit.
Nun spiegeln wir alle mit freiem Gesicht
den Lichtglanz des Herrn.
Er verwandelt uns mehr und mehr in sein Ebenbild
und wir werden in diese Herrlichkeit verwandelt,
die aus der Klarheit Gottes ist.

2. Korinther 3

Das bedeutet: Durch den ganzen Jammer der Angst und Gottverlassenheit ist Christus gegangen. Wenn wir mit ihm diesen Weg gehen, begleitet uns sein Geist. Wo dieser Geist ist, der Geist des leidenden und sich ängstenden Christus, da ist Freiheit. Und in dem Maß, in dem wir dem leidenden Christus ähnlich sind in unserer Angst, spiegeln wir seine göttliche Kraft und Unabhängigkeit.

Wir sind nicht frei von Angst, aber von ihrer Herrschaft. Glaube und Vertrauen wachsen, wo die Angst durchgestanden ist, unter der Erfahrung der Verlässlichkeit Gottes, und sie gedeihen in der Freiheit.

Was Freiheit ist, zeigt uns Christus. Denn er, der frei war, verwandte seine Freiheit darauf, sich an die Schicksale der Menschen dieser Erde zu binden. Er befasste sich nicht mit Wünschen oder Träumen, sondern mit der Erde, den Menschen und ihrem Elend. Wer das kann, ohne durch eigenes Glücksverlangen gehindert zu sein, ist frei.

*

Von dem Jazzmusiker Duke Ellington wird berichtet, er habe, fast siebzigjährig, gesagt:

»Was ich mir zum Geburtstag wünsche? Ich wünsche mir zu den Freiheiten meines Landes hinzu die Freiheit vom Hass, die Freiheit von Angst, denn nur der kann für andere wirken, der von Angst frei ist, und die Freiheit von der Selbstüberheblichkeit, sich besser zu dünken als seine Brüder.«

Christus, Sender des Geistes,
ich möchte manchmal alles hinter mir lassen,
was sich so wichtig gebärdet:
meinen Beruf und die unablässige Arbeit,
manchmal sogar meine nächsten Menschen,
um frei zu sein für mich und für dich.

Aber dann sehe ich deinen Weg:
Zu den Menschen bist du gegangen.
Zu den Mühsamen und Verdrehten,
denen so viel Unwichtiges wichtig ist
und mit denen so schwer zu leben ist.
Ich sehe deinen Weg und möchte ihn gehen,
aber ich möchte dabei frei sein wie du.

Ich will nicht mehr fragen,
was man von mir erwartet,
und nur noch hören, was du von mir willst.
Ich kümmere mich nicht mehr
um den Geist der Zeit, dem ich mich fügen soll.
Denn du willst, dass ich frei bin.

Ich will mich nicht mehr ängsten.
Und wenn die Angst mir zu schaffen macht,
soll sie mich nicht mehr überwältigen.
Denn du bist der Geist der Freiheit
und du hast dich geängstet wie ich.

Ich brauche mich nicht mehr zwingen zu lassen
von den Gedanken anderer,
denn es ist deine Gnade,
wenn meine Gedanken frei sind,
meine Entschlüsse klar,
meine Liebe ohne Täuschung
und meine Güte von Stimmungen frei.

Geber des Geistes,
mach dem halben Leben ein Ende,
der halben Freiheit und der halben Güte.
Gib mir dich selbst, so bin ich frei.

Gelassen werden

»Gib alles hin, denn alles ist Dein«, sagte die flämische Mystikerin und Beginen-Oberin Hadewijch im 13. Jahrhundert. Sie meint, wer lassen könne, freilassen und hingeben, wer nichts behalten wolle, dem liege schließlich alles, was er sonst krampfhaft festhalten müsse, ungefährdet in der Hand. Wer »sich lässt«, wer sich nicht mehr behauptet, nicht mehr angestrengt aufrichtet, nicht mehr müht, etwas darzustellen, der erst wird etwas: ein gelassener Mensch. Wer gelassen ist, lebt so gesichert, dass er sich mit keiner Geste und keinem Wort mehr zu schützen oder zu verteidigen braucht. Das Evangelium legt das schönste Wort der Gelassenheit einem hörenden, gehorchenden Menschen in den Mund: »Und Maria sprach: ›Siehe, ich bin des Herrn Magd. Mir geschehe, wie du gesagt hast.‹« Aber Maria konnte den zweiten Satz nur sagen, weil der erste den Schutz ausdrückte, in dem sie lebte.

*

Wie groß ist doch die Macht des Gebets! Man könnte es einer Königin vergleichen, die immer freien Zutritt zum König hat und alles erlangt, worum sie bittet. Es ist durchaus nicht nötig, ein schönes, für den entsprechenden Fall formuliertes Gebet aus einem Buch zu lesen, um Erhörung zu finden. Träfe das zu, wie wäre ich zu bedauern! Ich könnte sie nicht alle beten und weil ich nicht weiß, welches ich auswählen soll, mache ich es wie Kinder, die nicht lesen können: Ich sage Gott ganz einfach, was ich ihm sagen will, ohne schöne Worte zu machen, und er versteht mich. Für mich ist das Gebet ein einfacher Blick zum Himmel, ein Ruf der Dankbarkeit und der Liebe, aus der Mitte der Mühsal wie aus der Mitte der Freude. Es ist etwas Großes, das mir die Seele weitet und mich mit Jesus vereint.

Theresia von Lisieux

*

Was ist Gelassenheit? Ich sag ohn Heuchelei,
dass es in deiner Seel der Wille Jesu sei.

Angelus Silesius

Ich lasse mich dir, heiliger Gott, und bitte dich:
Mach ein Ende aller Unrast.

Meinen Willen lasse ich dir.
Ich glaube nicht mehr, dass ich selbst verantworten kann,
was ich tue und was durch mich geschieht.
Führe du mich und zeige mir deinen Willen.

Meine Gedanken lasse ich dir.
Ich glaube nicht mehr, dass ich so klug bin,
mich selbst zu verstehen,
dieses ganze Leben oder die Menschen.
Lehre mich deine Gedanken denken.

Meine Pläne lasse ich dir.
Ich glaube nicht mehr, dass mein Leben seinen Sinn findet
in dem, was ich erreiche von meinen Plänen.
Ich vertraue mich deinem Plan an,
denn du kennst mich.

Meine Sorgen um andere Menschen lasse ich los.
Ich glaube nicht mehr,
dass ich mit meinen Sorgen irgendetwas bessere.
Das liegt allein bei dir. Wozu soll ich mich sorgen?

Die Angst vor der Übermacht der anderen lasse ich los.
Du warst wehrlos zwischen den Mächtigen.
Die Mächtigen sind untergegangen. Du lebst.

Meine Furcht vor meinem eigenen Versagen lasse ich los.
Ich brauche kein erfolgreicher Mensch zu sein,
wenn ich ein gesegneter Mensch sein soll
nach deinem Willen.

Alle ungelösten Fragen, alle Mühe mit mir selbst,
alle verkrampften Hoffnungen lasse ich los.
Ich gebe es auf, gegen verschlossene Türen zu rennen,
und warte auf dich. Du wirst sie öffnen.

Ich lasse mich dir. Ich gehöre dir, Gott.
Du hast mich in deiner guten Hand. Ich danke dir.

Geduld

Wenn das Neue Testament von Geduld spricht, dann meint es die Fähigkeit und Bereitschaft, »unter« etwas zu »bleiben«, unter einer Sache, einer Last, einem Auftrag. Geduldig sein heißt etwas tragen und es nicht abwerfen. Aber das ist nur das eine.

Das andere meint das Alte Testament, wenn es von Hoffnung, von Erwartung spricht: Dann zeichnet es im hebräischen Wort »Hoffnung« einen Menschen, der ein Seil irgendwo festmacht und es anspannt. Oder es meint einen Menschen, der selbst ausgespannt ist wie ein Seil. Hoffen und durchhalten, das bedeutet, die Spannung ertragen zwischen hier und dort und sie nicht lockern.

Geduld ist die Kraft, etwas zu vollenden, bei einer Sache zu bleiben, bis sie ausgereift ist. Nicht der Aufschwung, nicht der begeisterte Einfall sind dem Evangelium wichtig, sondern das zähe Vollenden. Und diese Geduld entsteht nicht dadurch, dass jemand sich zusammennimmt, sondern dadurch, dass er sich einem Größeren fügt. Weil etwas Großes da ist, fügt sich das Kleine. Der kleine Wille bleibt unter dem großen. Er bleibt gespannt auf den großen Willen hin. Solange Geduld dies ist, trägt sie. Denn es geht nicht darum, den eigenen Willen zu brechen, sondern mit der vollen Kraft seines Willens etwas zu tragen, das größer ist: die Absicht Gottes.

*

Vater im Himmel,
ich bitte weder um Gesundheit noch um Krankheit,
weder um Leben noch um Tod,
sondern darum, dass du über meine Gesundheit
und meine Krankheit,
über mein Leben und meinen Tod verfügst
zu deiner Ehre und meinem Heil.
Du allein weißt, was mir dienlich ist.
Du allein bist der Herr,
tue, was du willst.
Gib mir, nimm mir,
aber mache meinen Willen dem deinen gleich.

Blaise Pascal

Bei dir, mein Gott, bleibe ich
mit all meiner Kraft.
Ich lasse dich nicht los.
Ich halte dich fest
und ertrage die Spannung zwischen dir und mir
bis zum Ende, bis ich dich schaue.

Gott der unendlichen Geduld, ich warte,
bis deine Stunde kommt.
Menschen zu ändern nehme ich mir nicht vor.
Die Welt zu verbessern ist nicht mein Amt.
Ein Heiliger zu werden ist nicht mein Ziel.
Ich warte, bis deine Stunde kommt.

Unergründlicher Gott, ich trage,
was du mir auferlegst.
Ich werfe es nicht ab
und bemitleide mich nicht.
Ich trage es bis zum Ziel,
bis du mir meine Last abnimmst.

Gott aller Weisheit, ich überlasse dir
alle Sorgen um mich.
Alle meine Fragen überlasse ich dir
und verzichte darauf, sie zu stellen.
Warum soll ich alle Rätsel lösen?
Ich lasse alle Geheimnisse,
die mich locken, unergründet.
Ich lasse alle Widersprüche,
die mich quälen, ungeklärt.

Alle Sorge um mich
überlasse ich dir,
denn du sorgst für mich bis zum Ende.
Dann wirst du mir mein Leben zurückgeben,
klar und erfüllt,
und ich sehe den Segen,
den ich getragen habe.

Gottes Reich

Im Roman »Die Brüder Karamasow« von Dostojewskij sagt der Starez Sossima, ein Einsiedlermönch:

»Brüder, schreckt nicht zurück vor der Sünde der Menschen, liebet den Menschen auch in seiner Sünde, denn solches ist schon ein Abbild der Liebe Gottes und die höchste Liebe auf Erden. Liebet die ganze Schöpfung Gottes, das Ganze und jedes Sandkörnchen. Jedes Laubblatt und jeden Lichtstrahl Gottes. Liebet die Tiere, liebet die Pflanzen, liebet ein jegliches Ding. Wenn Du ein jegliches Ding liebst, wird dir das Geheimnis Gottes in den Dingen offenbar werden. Wird es dir einmal offenbar, dann wird es dir immer wieder offenbar werden, je länger, desto mehr, Tag für Tag. Und endlich wirst du die ganze Welt mit allumfassender, weltweiter Liebe lieben. …

Vor mancher Absicht verharrst du unschlüssig, zumal angesichts des sündhaften Treibens der Menschen, und fragst dich: ›Braucht es Gewalt oder demütige Liebe?‹ Entscheide dich stets: ›Es braucht demütige Liebe.‹ Hast du dich ein für allemal so entschieden, kannst du über die ganze Welt siegen. Die liebende Demut, das ist eine gewaltige Kraft, die gewaltigste von allen, die ihresgleichen nicht hat.«

Du Gott des kommenden Reiches, wir danken dir,
dass du unserem kleinen Leben
diesen großen Sinn gegeben hast:
mit dir zu wirken,
mit dir Gerechtigkeit zu schaffen
und Frieden auszubreiten.
Du willst, dass wir ohne Gewalt,
ohne Anspruch und ohne Befehl,
allein in Glauben und Geduld
deine Liebe zu denen bringen,
die an Liebe nicht glauben.

Nichts haben wir als deine Kraft.
Wir verlassen uns auf sie.
Denn der Wind steht uns entgegen
und macht uns müde und verzagt.
Wir glauben an deine Güte,
aber, immer noch, auch an die Gewalt.
Wir möchten uns treiben lassen
und sehnen uns nach dem Ende unserer Mühe.
Nichts hilft, als dass wir uns verlassen
auf deine umfassende Gegenwart.

Um ein Zeichen bitten wir dich;
um die Stille, in der du nahe bist,
damit etwas reift auf deinem Feld
und etwas sichtbar wird von deinem Reich.
Gib uns deinen lebendigen Geist,
den starken und mächtigen.
Führe uns, leite unseren Willen
und alle unsere Gedanken,
dass wir dein Reich sehen
in seinen kleinen Anfängen hier
und dort in seiner großen Vollendung.

Herr,
ich habe es satt,
den Hals zu verdrehen
und jedem Trugbild nachzugaffen.
Ich drehe mich nicht mehr um.
Geradeaus sehe ich und schweige.
Ich gönne meinem Nacken Ruhe.

Denn mein Nacken ist müde,
müde vom ewigen Drehen und Wenden.
Mache mich zu einem Menschen,
der geradeaus geht,
dass ich nur auf deinen Weg schaue,
den Weg, den du zeigst.

Meine Ohren sind müde
vom Lärm der Züge und Autos,
müde vom Nachhall der Worte,
vom Kopfweh kommender Tage,
sehr, sehr müde
und beinahe ertötet
vom klingenden, betäubenden Lärm.

Ich habe es satt, gereizt zu werden,
gereizt von den vielen Dingen draußen
und von der Selbstsucht drinnen.
Herr, reize du mich,
dass deine große Liebe mich treibt
und ich in Ewigkeit fröhlich bin.

John Mbiti

Zu Hause sein

Dein, Gott, ist diese große Welt.
In dir sind Haus und Weg und Zelt.
Du gibst die Kraft, du gibst die Zeit,
du gibst den Plan und das Geleit,
dir sei die Fahrt anheimgestellt.

In dir sind Berg und Wind und Strand.
Der Sonne Licht ist dein Gewand.
Bewahr uns gnädig, leite du
uns deinem großen Ziele zu
und halt uns fest in deiner Hand.

Heimkehr

Auf einer Brücke stehen und dem Wasser nachschauen … Man hat das fließende Wasser oft und oft mit dem »Strom der Zeit« verglichen. Kommt nicht die Zeit so aus der Zukunft her, fließt sie nicht so in die Vergangenheit? Erlebe ich nicht unter der Brücke, von der ich hinabschaue, zwischen Zukunft und Vergangenheit die Gegenwart, jenes merkwürdige Jetzt, das der Augenblick des Erlebens ist? Und dabei regt sich eine tiefe Freude an der Schönheit und Kraft dieser Bewegung und zugleich doch auch der heimliche Wunsch, es möge alles, was sich bewegt, einmal zur Ruhe kommen.

Zum Erlebnis einer Brücke gehört die Erfahrung, dass es über den Strom an der Stelle, an der ich stehe, eben nur diese Brücke gibt, dass das Wasser nicht tragen würde und dass mir kein Weg bleibt außer dem schmalen Übergang. Aber immerhin trägt mich diese Brücke über das Element an ein anderes Ufer.

Jeder weiß, dass er das Ufer, an dem er lebt, eines Tages wird verlassen müssen. Wird ihn der Strom forttreiben in das reglose, starre Nichts oder wird es eine Brücke für ihn geben, wird er an ein anderes Ufer gelangen? Wird er die neue Art Gegenwart betreten, deren Stille und Beständigkeit wir mit »Ewigkeit« bezeichnen und die uns so ganz und gar unvorstellbar scheint, solange wir Menschen dieser Erde sind?

Der Glaube sieht im Tod eine Heimkehr. »In meines Vaters Hause sind viele Wohnungen«, sagt Jesus: »Ich gehe hin, euch die Stätte zu bereiten.« Diesen Heimweg hat man sich immer wieder als einen Weg über eine Brücke vorgestellt. Zwischen einem vergehenden Leben und dem Tod setzen wir den Fuß darauf und indem wir sie betreten, wandelt sie sich in die Grenze zwischen dem Tod und einem kommenden Leben und führt auf festen Grund.

An dieser Grenze haben wir nichts in der Hand als unsere Hoffnung und nichts vor Augen als ein einfaches Bild aus der hiesigen Welt: eine Brücke über einen Strom.

Schöpfer der Zeit, ich will nicht ausweichen.
Ich weiß, dass ich einem Ziel zugehe,
dass der große Markttag auf der Erde ein Ende hat
und dass ich zuletzt eine Brücke brauche,
die mich über den großen Strom trägt
an ein anderes Ufer, an dem du mich empfängst.

Nichts, Gott der Ewigkeit, werde ich hinübertragen,
nichts, das ich besitze, nichts, das mir vertraut ist.
Hilf mir das Notwendige tun:
dass ich mich frei mache von allem Ballast,
dass ich mein Herz an nichts hänge,
das ich doch nicht behalten kann,
und nichts sammle, das ich nicht brauche,
damit ich den letzten Schritt
mit freiem Herzen tun kann.

Aber mein Herz hängt auch an Menschen.
Das ist ihm erlaubt. Das ist ihm sogar geboten.
Das ist gut. Das hast du selbst so gefügt.
Ich liebe sie und will sie nicht loslassen,
auch nicht auf dem letzten Schritt.
So übergebe ich sie dir,
wenn ich sie nicht mehr festhalten kann.
Bewahre du sie, wenn es Zeit ist für mich.

Christus, du selbst bist die Brücke.
Ich gehe meinen Weg mit Zagen.
Aber ich vertraue dir,
der du mich führen und tragen wirst.
Ich weiß nicht, ob es leicht oder schwer sein wird
hinüberzugehen.
Aber ich will mich nicht fürchten.
Ich verlasse mich auf dich.

Vom Leben aufstehen

Die Bibel sieht ein Zeichen des Segens Gottes darin, dass Menschen alt werden dürfen, dass sie Kinder und Enkel sehen, dass sie weise werden und endlich lebenssatt sterben, dass sie also vom Leben aufstehen wie von einer guten Mahlzeit. Nicht so, dass man das Leben »satt hat«, sondern so, dass man genossen hat, was Gott auf den Tisch stellte, ob es wenig war oder viel, und nun dankt.

Darin liegt die Zuversicht, es lohne sich auch in der größten Mühsal noch immer zu leben, eine Zuversicht, die uns heutigen Menschen leicht verlorengeht. Und es liegt zudem die Weisheit darin, die Stufen des Lebens zu bejahen, auch das Altwerden und das Abschiednehmen. Uns liegt näher zu wünschen, es möge doch alles so bleiben, wie es ist, oder aber es möge doch alles bald zu Ende sein. Die Frommen des Alten Testaments wussten sich, solange sie lebten, als Tischgenossen Gottes. Die Frommen des Neuen Testaments wissen von einem Tisch, an dem wir wieder Platz nehmen werden, wenn wir den Tisch dieses Lebens verlassen. Und beide leben aus der Dankbarkeit.

*

Für jeden von uns wird die Zeit kommen,
in der es ihm »in die herbstlichen Jahre«
sehnlich herüberweht
und mahnend und herb und süß
ans alternde Herz rührt.

Dann wird es gut sein,
wenig versäumt und wenig vergessen zu haben
und des Kinderglaubens gewiss zu sein,
dass eine Mauer um uns gebaut sein wird,
wann immer wir ihrer bedürfen.

Ernst Wiechert

Heiliges Geheimnis, mein Gott!
Ich denke zurück an all meine Jahre.
Nicht an meine Leistung denke ich.
Sie ist gering.
Nicht an das Gute, das ich tat.
Es wiegt leicht
gegen die Last des Versäumten.

An das Gute, das mir geschehen ist, denke ich.
An viele Menschen, ihre Freundlichkeit und Güte,
von denen ich mehr empfing, als ich wissen kann.
An jeden Tag und jede erquickende Nacht.
An deine Nähe in den Stunden der Angst und der Schuld.

An viel Schweres denke ich,
an Jammer und Mühsal, deren Sinn ich nicht sehe.
Ich bitte dich: Wenn ich dir begegne,
zeige mir den Sinn.

Mein Werk ist vergangen,
meine Träume sind verflogen,
aber du bleibst.
Lass mich nun in Frieden heimkehren zu dir,
denn ich habe deine Güte gesehen.

Ehre sei dir, dem Vater und dem Sohne
und dem heiligen Geiste,
wie es war im Anfang, jetzt und ohne Ende
von Ewigkeit zu Ewigkeit.

Warten

Der Baum ist ein Gleichnis für uns Menschen. Stehen, sich recken, wachsen, Licht und Luft aufnehmen und sich verwandeln, solange das Wasser aus den Wurzeln aufsteigen will, ist ein Bild für unser menschliches Dasein. Aber für eines eignet sich der Baum nicht. Die alte Birke, die vor meinem Fenster steht, kann mich nicht trösten. Der herbstliche Wind fährt durch ihre Äste und die gelben und roten Fetzen jagen, wirbeln oder stürzen in schrägem Fall davon und zur Erde. In wenigen Tagen wird nun ein kahler Baumriese dastehen und dann kommt der Schnee.

Wer mich damit trösten will, dieses Vergehen sei nur ein Augenblick in dem großen, weit ausholenden Pendelschlag des Einschlafens und Aufwachens, der verschweigt, dass das Blatt nicht an den Ast zurückkehrt und der Baum eines Tages fallen und nicht wieder aufstehen wird. Der Lauf des Jahres ist kein Bild, das dem Dasein des Menschen Sinn gäbe. Der Tod gehört nicht zum Leben, sondern er zerstört es. Ein Untergang ist nur schön an herbstlichen Blättern, bei Menschen ist er ein Schrecken. Bertolt Brecht schreibt:

»Ich gestehe es: Ich habe keine Hoffnung.
Die Blinden reden von einem Ausweg.
Ich sehe.
Wenn die Irrtümer verbraucht sind,
sitzt als letzter Gesellschafter
uns das Nichts gegenüber.«

Hängen wir unsere Hoffnungen an unsere Gedanken oder an die Wendungen der Geschichte, oder erwarten wir die Auferstehung von irgendeinem Gesetz des Werdens und Vergehens, so gehören wir in der Tat zu den Blinden. Wir hoffen aber nicht, weil wir ein Lebensgesetz wüssten, das uns rettet, sondern weil Ostern gewesen ist. Wir hoffen, das heißt, wir treten aus dem Kreislauf menschlicher Scheinhoffnungen heraus. Wir weigern uns, von Träumen und kurzfristigen Tröstungen uns einfangen zu lassen. Wir sehen geradeaus. Wir warten auf eine Stunde, die den ewigen Kreislauf zerbricht. Wir warten auf Gott selbst. Wir warten auf Ewigkeit.

Wolle nicht zurückbleiben auf deinem Weg.
Wolle nicht umkehren und nicht vom Weg abgehen.
Wer nicht vorangeht, bleibt zurück.
Wer zu dem zurückläuft,
das er verlassen hat, geht rückwärts.
Besser der Lahme auf dem Weg
als der Läufer auf dem Irrweg.

Augustinus

*

Ewiger Gott, ich will nicht mehr nach rechts
und nicht mehr nach links sehen.
Ich will nicht mehr meine kleine Hoffnung,
nicht mehr mein kleines Leben hier und dort.
Ich will nicht mehr mich, sondern dich allein.
Meine Jahre zerrinnen, du aber bleibst.
Entziehe dich nicht, lass dich finden.

Heraustreten will ich
aus aller Täuschung und aller scheinbaren Hoffnung.
Dir gegenüberstehen will ich.
Dich erwarten. Dich finden.
Dich verstehen. Dich glauben.

Lange genug lebte ich, als würde ich ewig leben.
Lange genug hoffte ich,
als wäre Hoffnung in dieser meiner kleinen Welt.
Heraustreten will ich aus dem Kreislauf
der einfältigen Zuversicht.
Ich wende mich dir zu.
Ich warte auf dich.
Wende dich nicht ab, lass dich finden.

Ewiger Gott, du bleibst
und ich bleibe bei dir.
Weder Tod noch Leben
werden mich von dir trennen.
Nichts erwarte ich mehr.
Nichts als allein dich.

Was bleibt

Gerechter Gott, du sprichst davon, du werdest richten
am Ende der Zeit, am Ende meines Lebens
und in jeder Stunde schon jetzt.
Ich fürchte mich vor deinem Urteil.

Nicht, weil es ungerecht wäre,
sondern weil ich ihm zustimmen muss.
Was ich tue, trennt mich von dir
und die Trennung von dir ist das Gericht.

Mein ganzes Leben ist das Gericht.
Ich handle und du richtest.
Sichtbar handle ich und du trennst unsichtbar.
Im Geheimen handle ich und du erkennst mich.

Ich sehe, dass ich nichts mitbringe,
wenn du mich rufst.
Was ich bin, ist am Ende Abfall
im großen Abfall dieser Welt.

Du sagst, nichts bleibe am Ende als die Liebe.
Das ist wahr. Das ist die Probe.
An jedem Grab weiß ich es.
Ich bestehe die Probe nicht.

Abfall für die Vernichtung.
Das bin ich. Erbarme dich meiner.
Erbarme dich unser aller.

Gott der Liebe, ich weiß, dass ich nur lebe,
wenn du mich verwandelst.
Nein: wenn du mich neu schaffst.

Du hast mich gerufen, als ich klein war,
als ich getauft wurde auf deinen Namen.
Rufe mich noch einmal, dass ich lebe.

Rufe mich aus der Armut der Liebe in den Reichtum,
aus der Schwäche des Glaubens in die Wahrheit.
Ich will kommen. Ich bin mit deinem Willen eins.

Du schaffst Licht aus der Finsternis.
Sprich zu meiner Seele: Es werde Licht.
Dass ich bei dir lebe und dich rühme.

Ich werde bleiben, neu geschaffen durch dich.
Ich werfe mich in deine Hand, die mich schafft,
dass ich bei dir bleibe in Ewigkeit.

*

Wenn jedermann Urlaub auf Erden gegeben ist, soll man sich allein zu Gott richten, damit der Weg des Sterbens sich auch zu ihm kehrt und uns führt. Hier fängt die enge Pforte an, der schmale Steig zum Leben. Das muss ein jeder fröhlich erwägen, denn er ist wohl sehr eng, aber nicht lang, und es geht hier zu, wie wenn ein Kind aus der kleinen Wohnung in seiner Mutter Leib mit Gefahren und Ängsten geboren wird in diesen weiten Himmel und Erden, das ist auf diese Welt. So geht der Mensch durch die enge Pforte des Todes aus diesem Leben, und obwohl der Himmel und die Welt, in der wir jetzt leben, groß und weit scheint, ist sie doch gegen den zukünftigen Himmel viel enger und kleiner als der Mutter Leib gegen den heutigen Himmel. Darum heißt das Sterben der Christen eine »neue Geburt«. … Aber der enge Gang des Todes macht, dass uns dieses Leben weit und jenes eng erscheint. … Christus sagt: »Eine Frau, wenn sie gebiert, hat Angst. Wenn sie aber genesen ist, denkt sie nicht mehr an die Angst, weil ein Mensch von ihr in die Welt geboren ist.« So muss man sich auch im Sterben der Angst erwehren und wissen, dass danach ein weiter Raum und große Freude sein wird.

Martin Luther

Du Erstgeborener von den Toten,
du hast Lazarus, deinen Freund,
aus der Höhle des Grabes gerufen:
Komm heraus!
Und er lebte.

Sprich du zu meiner Seele: Komm heraus!
Ja, Herr, ich will kommen.
Ich verberge mich nicht vor deinem Urteil.
Ich komme mit leeren Händen,
aber ich höre deinen Ruf.

Du, der Lebendige, gibst Leben.
Du, das Licht, siegst über alle Finsternis.
Du, die Wahrheit, endest allen Wahn.
Du, die Liebe, befreist von aller Furcht.

Dein bin ich im Licht deines Tages
und im Dunkel meiner Nacht.
Behüte meinen Ausgang und Eingang
hier und in Ewigkeit.

Zum Teil nach einem Kirchengebet

Ums Haus geht schon der Abendwind.
Die Nacht kommt, uns zu decken.
Die Nacht ist lang. Sie macht uns blind.
Die Finsternis will schrecken.

Um manches Fenster weht es kalt
und viele sind verlassen.
Die wirst du freundlich, Jung und Alt,
in deine Arme fassen.

Ja, Mensch und Tier und Blum und Baum
wirst du mit Trost erfüllen,
in guten Schlaf, in sanften Traum
wie einen Mantel hüllen.

Du gehst wie Windhauch durch die Nacht
und hüllst uns in dein Schweigen.
Du hast die Nacht uns zugedacht,
um uns das Licht zu zeigen.

Du gehst wie fremd durch diese Zeit,
da uns die Ängste treiben.
Gib uns den Mut, mach uns bereit,
auf deinem Weg zu bleiben.

Geborgenheit

Uralt sind die Zeichen der Gastfreundschaft, das Brot und der Wein. Die Landfremden, die in das Wohngebiet von Sesshaften kamen, empfingen schon vor viertausend Jahren Brot und Wein als Zeichen, dass sie sich mit ihren Herden niederlassen durften. Als Melchisedek, der König von Jerusalem, Abraham in sein Land einließ, trug er ihm Brot und Wein entgegen: das Zeichen der Nahrung und das Zeichen des Fests und des Glücks.

Das Bild von Schale und Becher, von Essen und Trinken, Tisch und Bank wird noch lange auch zu denen sprechen, denen das Abendmahl Jesu mit seinen Jüngern kein Sakrament ist und die nicht wissen, was sie damit anfangen sollen, dass Jesus sagt: »Das Brot ist mein Leib. Der Wein ist mein Blut.« Denn was dabei geschieht, ist auch ihnen deutlich: Es entsteht eine Gemeinschaft zusammengehöriger Menschen, die nicht zu sorgen brauchen, weil einer für sie sorgt. Eine Gemeinschaft von Beheimateten, die auch auf den langen, einsamen Straßen ihres Lebens wissen, wo sie zu Hause sind.

So schreibt Georg Trakl in seinem Gedicht »Ein Winterabend«:

Wenn der Schnee ans Fenster fällt,
lang die Abendglocke läutet,
vielen ist der Tisch bereitet
und das Haus ist wohlbestellt.

Mancher auf der Wanderschaft
kommt ans Tor auf dunklen Pfaden.
Golden blüht der Baum der Gnaden
aus der Erde kühlem Saft.

Wanderer, tritt still herein;
Schmerz versteinerte die Schwelle.
Da erglänzt in reiner Helle
auf dem Tische Brot und Wein.

Christus, unser Gastgeber,
wir danken dir für Brot und Wein,
wir danken dir für den Tisch,
an dem du uns bewirtest.
Wir danken dir, dass dieses Leben
keine Irrfahrt ist, sondern ein Heimweg.
Wir danken dir, dass wir leben dürfen,
ohne uns in Angst zu verzehren.
Du bist der Hausherr,
wir sind deine Brüder.
Wir verlassen uns auf dich.

*

Herr, du siehst unsere Brüder
Tausende von Meilen weg.
Du hörst, wie sie für uns beten,
du siehst, was sie für uns tun.
O Herr, wir bitten dich für unsere Brüder,
was ihnen wehtut, tut auch uns weh,
es tut ja dir auch weh.

Rühre unsere Herzen an,
lass uns nicht zu viel für uns bitten.
Solange wir noch Schuhe an den Füßen tragen:
Lass uns für Menschen bitten,
die keine Füße haben.
Wache darüber, dass wir alles mit ihnen teilen,
mit denen, die nichts haben.

Sei du das Brot für die Menschen, die nichts haben,
sei du mit denen, die in Ungerechtigkeit ersticken,
sei du mit denen, die alles haben:
dicke Autos, schöne Häuser und viel Geld.
Herr, sie sind auch nicht zufriedener als wir.
Sei mit denen, die Hunger haben, und mit denen,
die halbe Teller mit Essen wegschieben.

Wir sind alle deine Kinder, wir brauchen dich,
wir brauchen deine Liebe,
damit wir uns untereinander lieben können.
Segne uns und unsere Brüder in aller Welt. Amen.

Aus Ghana

Sich nicht sorgen

Macht euch keine Sorgen um euer Leben.
Sagt nicht: »Was sollen wir essen?
Was sollen wir trinken? Was sollen wir anziehen?«
Ihr habt euer Leben von Gott,
das ist mehr als die Nahrung.
Gott gab euch den Leib,
das ist mehr als die Kleidung.
Schaut auf die Vögel, die am Himmel fliegen.
Sie säen nicht, sie ernten nicht,
sie sammeln nichts in Scheunen,
euer Vater im Himmel ernährt sie.
Seid ihr nicht viel kostbarer als sie?
Schaut die roten Anemonen, die sich hier in Galiläa
wie Teppiche die Hänge herabziehen,
seht zu, wie sie wachsen.
Sie mühen sich nicht. Sie spinnen nicht.
Ich sage euch: Auch ein Salomo in all seiner Pracht
war nicht gekleidet wie eine von ihnen.
Wenn aber Gott das Gras,
das heute steht und morgen verbrannt wird,
so kostbar kleidet,
wird er nicht viel mehr für euch sorgen,
ihr Anfänger im Glauben?

Matthäus 6,25–30

*

Meiner lieben Hausfrau Katharina Lutherin, Doktorin, Selbstmärtyrin zu Wittenberg, meiner gnädigen Frau zu Händen und Füßen. Gnade und Friede im Herrn. Lies Du, liebe Käthe, den Johannes und den kleinen Katechismus. … Denn Du willst sorgen für Deinen Gott, gerade als wäre er nicht allmächtig und könnte zehn Doktor Martinos schaffen, wo der alte einige alte ertränkte in der Saale. … Lass mich in Frieden mit Deiner Sorge, ich habe einen besseren Sorger, als Du und alle Engel sind. Der liegt in der Krippe und hängt an einer Jungfrau Zitzen, aber sitzt gleichwohl zur rechten Hand Gottes, des allmächtigen Vaters. Darum sei in Frieden. Amen!

Martin Luther, zehn Tage vor seinem Tod

Ich will nicht sorgen,
wenn ich meinem Tag nicht gewachsen bin,
wenn die vielen Aufgaben mich bedrängen,
die vielen kleinen Dinge, die zum Leben nötig sind.
Ich will sie ernst nehmen, aber mich nicht sorgen.

Ich will nicht sorgen,
wenn ich alt und krank und gebrechlich werde
und meine Kraft nachlässt,
auch wenn ich nichts weiß über den kommenden Tag.
Den kennst allein du.

Du sorgst für mich.
Dass ich lebe, macht deine Güte.
Dass ich überstehe, kommt von dir.
Nichts kann ich tun, wenn du mich nicht führst.
Was geschieht, ist dein Werk.

Dir vertraue ich mich an.
In deiner Hand ist mein Schicksal,
in deiner Hand sind Menschen und Völker,
Leben und Tod.
Wem soll ich mich anvertrauen wenn nicht dir?

*

Sorget nicht, sondern bittet Gott.
Sagt ihm, was euch fehlt, und dankt ihm.
Und der Friede Gottes,
der so viel stärker ist,
als unsere Gedanken verstehen,
sei ein Schutzwall, eine Wacht,
um eure Herzen und Gedanken,
dass nichts und niemand
euch von Jesus Christus trennen kann.

Philipper 4

Sich nicht ängsten

Nicht, dass wir die Angst unterdrücken sollen hinter einem fröhlichen Gesicht. Nicht, dass wir der Angst zu widerstehen hätten mit allen Kräften. Nicht, dass wir uns die Angst wegsuggerieren sollten mit ständig angespanntem Willen. Die Angst gehört zu uns. Sie ist kein Feind, sondern ein Gast, den wir aufnehmen im Glauben, dass der Hausherr stärker ist als er. Ein Gast, der wieder geht. Den wir entlassen, wenn er wieder gehen will.

*

Der heiligen sorgfältigen Frau Katharina Lutherin, zu Wittenberg, meiner gnädigen lieben Hausfrau.

Gnad und Fried in Christo, allerheiligste Frau Doktorin! Wir bedanken uns gar freundlich für eure große Sorge, wegen der ihr nicht schlafen könnt; denn seit ihr euch um uns sorgt, hätte uns fast das Feuer verzehrt in unserer Herberge, hart vor meiner Stubentür. Und gestern ist uns schier, ohne Zweifel kraft eurer Sorge, ein Stein auf den Kopf gefallen und hätte uns zerquetscht wie in einer Mausefalle. Denn zwei Tage lang rieselte es in unserem heimlichen Gemach Kalk und Lehm über unseren Kopf, bis wir Leute holten, die den Stein mit zwei Fingern berührten; da fiel er herab, so groß wie ein langes Eisen und eine große Hand breit. Der hatte im Sinn, eurer heiligen Sorge zu danken, sofern nicht die lieben heiligen Engel gehütet hätten. Ich sorge mich, dass du nicht aufhörst zu sorgen, es könnte uns zuletzt die Erde verschlingen und alle Elemente verfolgen!

Lehrst du so den Katechismus und den Glauben? Bete du und lass Gott sorgen. Es heißt: Wirf dein Anliegen auf den Herrn, der sorgt für dich (Psalm 55 und an vielen anderen Stellen). Wir sind gottlob frisch und gesund, ohne dass uns die Arbeit Unlust macht. … Hiermit Gott befohlen. Wir wollten nun bald gern erlöst sein und heimfahren, wenn Gott es wollte. Amen, Amen, Amen!

Am Tag Scholastica 1546. Euer Martinus Luther.

Geschrieben am 10. Februar, acht Tage vor seinem Tod

Es muss jeder lernen, sich zu ängstigen, denn sonst geht er zugrunde dadurch, dass ihm nie angst war, oder dadurch, dass er in der Angst versinkt. Wer hingegen gelernt hat, sich recht zu ängstigen, der hat das Höchste gelernt.

Sören Kierkegaard

*

Christus, du hast gesagt:
Solange ihr in der Welt seid,
habt ihr Angst.
Du willst nicht die Helden,
die Angst nicht kennen.
Du hast selbst einmal gesagt: »Mir ist angst.«
Aber dann bist du den Weg gegangen,
vor dem dir angst war.

Du hast dich und alle deine Panik
dem in die Hände gelegt,
der dich führte.

So hilf mir,
mich nicht zu wehren gegen meine Bangigkeit,
sondern sie willkommen zu heißen
und mich mit ihr zusammen
Gott zu übergeben.

So habe ich Kraft für meinen Weg,
Gelassenheit in aller Unrast,
festen Grund unter den Füßen
und ein Ziel, dein Ziel, vor den Augen.

Du hast uns zum Trost gesagt:
»Ich habe die Welt überwunden.«
Klein will ich denken von dieser Welt
und groß von dir, dem Auferstandenen.

Von sich absehen

John Henry Newman schreibt:

Gott schaut dich so, wie du bist, wer immer du seist. Er »ruft dich bei deinem Namen«. Er sieht dich und versteht dich, denn er hat dich geschaffen. Er weiß, was in dir ist, all dein besonderes Fühlen und Denken, deine Anlagen und deine Wünsche, deine Stärke und deine Schwäche. Er sieht dich an deinen Tagen der Freude und der Trauer. Er fühlt mit in deinen Hoffnungen und Prüfungen. Er nimmt Anteil an deinen Ängsten und Erinnerungen, an allem Auf und Ab deines Geistes. … Er umfängt dich und trägt dich in seinen Armen. Er weiß, wie es um dich steht, ob du lächelst oder weinst, ob du gesund bist oder krank. Er schaut zärtlich auf deine Hände und Füße. Er hört deine Stimme, das Klopfen deines Herzens, selbst dein Atmen. Du liebst dich nicht mehr, als er dich liebt.

*

Dieses mein Ich stellt sich,
o Gott,
zwischen dich und mich.

Entferne, o Gott,
in deiner Gnade dieses Ich
aus unserer Mitte.

Mansur al-Halladsch

Gott aller Gnade, ich will nicht mehr prüfen,
ob ich Fortschritte mache in meinem Glauben.
Ich höre dich. Ich spreche zu dir.
So finde ich dich und finde dich wieder,
wenn ich dich verloren habe.
Ich weiß nicht, ob ich mit all meiner Bemühung
besser oder frömmer geworden bin.
Nur das weiß ich: Diese Frage
ist mir immer unwichtiger geworden.
Von dem, was ich über mich selbst denke,
hänge ich nicht mehr ab. Ich bin frei.
Darum erbitte ich von dir, mein Gott,
nichts als ein einfaches Herz,
das deinen Gedanken offensteht.
Das ist mein Wunsch: dass ich in allen Dingen
mitten unter allen Menschen, mit denen ich lebe,
zu Hause bin bei dir.

*

Herr, gib allen, die dich suchen,
dass sie dich finden,
und allen, die dich gefunden haben,
dass sie dich aufs Neue suchen,
bis all unser Suchen und Finden
erfüllt ist in deiner Gegenwart.

Hermann Bezzel

»Geht aus dem Weg, meine Herren, und lasst mich zurückkehren in meine alte Freiheit; lasst mich das frühere Leben suchen, damit ich auferstehe aus diesem gegenwärtigen Tod. Ich bin nicht zum Statthalter geboren und nicht, um Inseln und Städte in Schutz zu nehmen vor Feinden, die sie angreifen möchten. Besser weiß ich zu pflügen und graben, Reben zu schneiden und zu vermehren, als Gesetze zu erlassen und Länder und Königreiche zu beschützen. In Rom ist der richtige Platz für Sankt Peter – will sagen: Der richtige Platz jedes Einzelnen ist das Amt, für das er geboren wurde.

Mir liegt eine Sichel besser in der Hand als das Zepter des Statthalters; lieber will ich bis zum Überdruss Krautsuppe essen, als mich einem frechen Arzt unterwerfen, der mich elend verhungern lässt; und lieber will ich des Sommers im Schatten der Eiche ruhen, des Winters die doppelte Pelzweste tragen und meine Freiheit behalten, als unter dem Joch der Statthalterschaft in edlem Betttuch zu schlafen und mich in Zobel zu kleiden.

Ihr gnädigen Herrschaften, geht mit Gott und sagt meinem Herrn, dem Herzog, dass ich nackt geboren und nackt geblieben bin: Nichts verliere oder gewinne ich, denn mittellos trat ich als Statthalter an und mittellos trete ich ab – ganz anders als sonst die Statthalter anderer Inseln abzutreten pflegen. – Nun entfernt euch, lasst mich gehen und mir einen Umschlag machen; mir scheint, dank der Feinde, die letzte Nacht über mich trampelten, sind meine sämtlichen Rippen zerbröselt. … Als Sancho bin ich geboren und als Sancho gedenke ich zu sterben.«

Sancho Panza im »Don Quijote« von Miguel de Cervantes

Die Chassidim erzählen, Rabbi Sussja,
der große Heilige, habe gesagt:
»Gott wird mich nicht fragen,
warum ich nicht Mose gewesen bin,
er wird fragen:
Warum warst du nicht Sussja?«

So wirst du, Gott, mich nicht fragen,
warum ich nicht ein Heiliger gewesen bin,
sondern warum ich nicht der war,
den du meintest
und der meinen Namen trug.

Vertrauen

Diese Welt ist dein Haus.
Ich danke dir, dass ich das weiß.
Meine Freiheit wäre zu groß,
zu viel läge in meiner eigenen Hand,
zu weit wäre der Raum, in dem ich lebe,
zu lang wären die Wege zum Glück
und die Wege der Pflicht,
wäre diese Welt nicht dein Haus.

Ich danke dir, dass du ein Haus hast
für uns unstete Menschen.
Ich danke dir, dass ich Grenzen habe,
denn die Grenze, die du gesetzt hast,
ist mein Schutz, du Vater deiner Menschen.

*

Vater, ich danke dir für jedes Haus,
das auf dieser Erde steht.
Es gibt irgendeinem deiner Kinder Schutz.
Gibt ihm Ruhe und ein wenig Frieden.
Hilf uns, deinen Kindern, Häuser zu bauen
für die Irrenden und Unsteten,
für die Heimatlosen und die Verstoßenen,
Häuser aus Güte und Zuverlässigkeit,
die zeigen, dass du der Vater bist.

*

Herr und Bruder, Jesus Christus,
du hattest kein Haus auf dieser Erde.
Keine Stadt, die dich beherbergen wollte.
Keine Tür, die du hinter dir schließen konntest.
Aber dein Wort ist unsere Herberge.

Hilf uns, eine Herberge zu sein
mit unserem Wort,
und lass von ihrer Angst aufatmen
alle, die uns hören.

Dein Name werde geheiligt

Gott: Ja, es ist das beladenste aller Menschenworte. Keins ist so besudelt, so zerfetzt worden. Gerade deshalb darf ich darauf nicht verzichten. Die Geschlechter der Menschen haben die Last ihres geängstigten Lebens auf dieses Wort gewälzt und es zu Boden gedrückt; es liegt im Staub und trägt ihrer aller Last.

Martin Buber

*

Du Herr der Welt,
wir nennen dich den Vater.
Das ist dein Name.
Und doch reden wir über dich
ohne Liebe und Ehrfurcht
tausendmal.

Und es liegt doch in deinem Namen
das Kostbarste,
das unseren Händen anvertraut ist.
Der Sinn unseres Glücks
und aller unserer Mühen.

Bewahre du deinen Namen
vor unserer Gedankenlosigkeit.
Wenn ich von dir spreche,
dann hilf mir,
dass ich einen Menschen dabei tröste,
dass ich ihn stiller mache mit deinem Namen,
dass ich ihm Geduld gebe,
dass ich ihn segne mit deinem Namen,
du Vater im Himmel.

Denn dein Name ist das Haus,
in dem wir leben.
Hilf uns, dieses Haus zu bauen
für andere Menschen.

Dein Reich komme

Vater im Himmel,
wir danken dir,
dass deine Herrschaft kommt
und alle Macht beenden wird,
die auf unserer Erde sich breitmacht.
Dass die Gewalt ein Ende hat,
die Entwürdigung der Menschen
und die Unterdrückung der Völker.

Wir danken dir, dass dein Reich kommt.
Hilf uns, auf dieser Erde anzufangen
mit dem Bau deines Reiches:
dass dein Wille gilt
und dein Name heilig ist unter den Menschen.

*

Du hast uns verheißen,
dass dein Reich kommen wird,
dass am Ende der Zeit alle Mächte
dir dienen und dich preisen werden,
dass du am Ende alles sein wirst
und nur dein Wille gelten wird.
Wir danken dir, Herr,
dass wir das aus deinem Munde wissen.

Ich weiß, dass dann auch ich,
der kleine Mensch, vergangen sein werde,
dass ich keine Rolle mehr spielen werde
als allein die, dein Kind zu sein.

Ich bitte dich dennoch: Dein Reich komme.
Richte dein Reich auf!
Ich weiß von keinem Frieden für mich
und für alle Wesen dieser Welt
als in deinem Reich.

Dein Wille geschehe

Heiliger Gott, wo immer du bist, geschieht dein Wille.
Überall in der Welt, die vor unseren Augen liegt,
ist alles voll deines Willens
und voll von Geschehnissen, die du bestimmst.
In deiner unsichtbaren Welt,
die uns verborgen ist,
geschieht dein Wille
durch das Heer deiner heiligen Diener
und durch alle geheimen Kräfte.
Wir brauchen nicht zu bitten. Er geschieht.

Wo aber wir Menschen sind, geschieht er nur,
wenn wir ihm Raum geben.
Wohin unsere Hände reichen,
wohin unsere Gedanken dringen,
wohin unser Wille strebt,
ist Gefahr, dass dein Wille nicht geschieht.

Hilf mir, deinen Willen anzunehmen.
Forme unseren Willen um nach dem Bild deines Willens.
Oder mehr noch:
Nimm uns unseren Willen
und gib uns einen anderen, der deinem Willen ähnlich ist.
Hilf uns, dass wir bitten können: Dein Wille geschehe,
und uns freuen, wenn er geschieht,
auch gegen unsere Wünsche.

Denn wo sollte der Sinn sein
in unserem Leben,
wenn er nicht in deinem Willen liegt
und durch deinen Willen sich vollendet?

Ich bitte dich: Gib, dass dein Wille geschieht.
Nicht nur im Himmel, sondern auch auf Erden.
Und nicht nur allgemein in der Welt,
sondern auch bei mir und durch mich.

Unser Brot

Wenn wir sagen: »Unser tägliches Brot«,
meinen wir alles, was wir brauchen, um im Frieden zu leben.
Brot ist Friede.
Frieden im Schutz deiner Macht erbitten wir,
Frieden in deiner sorgsamen Hand.

Essen können, statt zu hungern, ist Frieden.
Trinken können, statt zu dürsten,
warm haben, statt zu frieren, ist Frieden.
Schutz finden in einem Haus,
arbeiten können und seine Kraft einsetzen dürfen,
das alles ist Friede, ist tägliches Brot.
Einen Menschen haben, mit dem man vertraut ist,
sich nicht ängsten müssen vor der Einsamkeit,
vor Streit und Hass und vor der Hölle des Krieges.
Sich nicht ängsten müssen um Kinder, Eltern oder Freunde,
sie nicht hergeben müssen an die Maschine des Mordens:
Das alles ist das Brot, das wir täglich brauchen
und für das wir täglich danken.

Du hast uns allen das Brot und das Wort gegeben
seit all den Jahren, in denen wir Frieden genießen.
Mach uns nun zum Brot für die Hungernden in der Welt:
für die, die in der Ferne nach Brot hungern,
und die, die in der Nähe unser Wort brauchen.

Unser aller tägliches Brot, Vater im Himmel,
gib uns durch unser aller Hände
und durch unser aller Wort.

*

Herr, gestalte, vermehre und lass gedeihen,
dass es reicht für jedermann:
für den Hungernden und den Verwaisten,
für den Begehrenden und den Bittenden
und für den, der es sich nimmt,
für den, der Gott preist,
und auch für den, der undankbar davongeht.

Russisches Gebet bei der Aussaat

Unsere Schuld

Vater, vergib uns unsere Schuld,
wie wir denen vergeben,
die an uns schuldig geworden sind.

Nein, Vater, das kann nicht das Maß sein!
Vergib uns unsere Schuld,
auch wenn wir tausendfach
unfähig sind zu vergeben.

*

Vater, ich will vergeben.
Hilf mir, das nicht zum Schein zu tun.
Nicht so, dass ich großmütig auf Rache verzichte.
Nicht so, dass ich mattherzig vergesse.
Nicht so, dass ich meine Güte damit beweise.
Sondern so, dass ich zum anderen hingehe,
dorthin, wo er steht, jenseits seiner Schuld.

Ich will mein Recht aufgeben
und neu mit ihm anfangen.
Ich will kein Misstrauen bewahren,
sondern alles hinter mir lassen, was mich hemmt,
und nur deine Freundlichkeit mitnehmen.
Ich will den ersten Schritt tun,
wehrlos und ohne Vorwurf,
und keine Bitterkeit soll übrig bleiben.

*

Vater, dein Reich wollen wir abbilden
in unserem kleinen Lebenskreis:
Den Schuldigen von Herzen annehmen.
Mit ihm leben. Ihm vertrauen.
Uns seine Freundschaft gefallen lassen.
Wir wollen dein Haus gemeinsam bewohnen
und bitten dich um deinen Frieden.

Vergib uns, Vater, mehr,
als wir einander vergeben.
Erbarme dich unser.

Versuchung

Du lehrst uns zu sagen:
»Führe uns nicht in Versuchung.«
So bitten wir dich nach deinem Wort.
Wir meinen nicht die kleinen Versuchungen,
die unser Herz gefangen nehmen
oder uns die Sinne verwirren,
sondern die eine große Versuchung:

So viel, Vater im Himmel,
geschieht ohne sichtbaren Sinn.
Bewahre uns davor zu sagen:
Es hat alles keinen Sinn.
Das ist die Versuchung, die wir fürchten.

Es ist so viel Lüge in der Welt.
Auch in uns selbst.
Bewahre uns davor zu sagen:
Es gibt keine Wahrheit.
Das ist eine Versuchung.

So viel Leid geschieht, so viel Unheil rundum.
Bewahre uns davor zu sagen:
Es gibt keinen Gott, der es wahrnimmt.

So viel Gewalt tobt sich aus,
auch in uns selbst. So viel Bosheit.
Bewahre uns davor zu sagen:
Das Böse hat die Macht. Die Gewalt hat recht.

Führe uns nicht in die Versuchung,
an deiner Nähe zu zweifeln,
an deiner Macht und Herrschaft.
Führe uns nicht in die Versuchung,
die Lüge für mächtiger zu halten als dich,
das Unrecht für stärker als deine Gerechtigkeit.

Führe uns nicht in die Versuchung,
deine Hand loszulassen,
uns in der Welt einzurichten
und uns mit Lüge, Gewalt und Unrecht abzufinden.
Halte du unsere Hand fest.

Erlösung

Und erlöse uns von dem Bösen.
Vater, wir wissen, dass wir gefangen sind,
gebunden wie mit Ketten.
Wir möchten glauben
und leben doch, als glaubten wir nicht.
Wir möchten lieben
und leben doch fast nur für uns selbst.
Wir möchten der Wahrheit dienen
und beugen uns tausendmal der Lüge.
Wir möchten dir dienen
und glauben dir doch nicht,
dass du wirklich der Herr bist.

Vater, mach uns frei.
Befreie uns von jener dunklen Macht,
die wir den Teufel nennen,
den Versucher, den Satan.
Befreie uns vor allem von uns selbst.
Du kannst es.
Wir wissen, dass du es kannst
und dass du es tun wirst.

Denn dein ist das Reich,
in das wir eingehen werden,
um auf ewig deine freien Kinder zu sein.
Dein ist die Macht,
die allen Mächten ihr Ende setzt.
Dein ist die Herrlichkeit,
der Lichtglanz, die Fülle des Lichts,
in der wir dich schauen werden
in Ewigkeit.

Nur betend dringen wir weiter;
wo das Gebet stillsteht,
endet auch das Verständnis.

Reinhold Schneider

*

Gottes Geheimnisse begreift man nicht,
man betet sie an.

Wilhelm von Humboldt

Rühmen

Ich möchte ein Lied versuchen.
Mein Lied.
Ich möchte dich rühmen,
dessen Stimme ich höre
im Gesang aller Dinge.

Gerühmt seist du,
Bildner der Erde und ihrer Kraft.
Gerühmt seist du, Glut und Feuer,
Geist im Wehen des Windes,
Weisheit im Strömen des Wassers.

Ich versuche mein Lied.
Ich singe es in den Wind
und lasse es verklingen in dir.

Anbetung

In alten romanischen Kirchen finden wir, wenn wir vom Eingang aus den ganzen Raum im Mittelgang durchschreiten, am Ende über dem Altar einen Bogen und hinter dem Bogen ein Gewölbe, das sich halbkreisförmig bis zu den Fenstern herabzieht. Manchmal hängt in diesem Triumphbogen das Kreuz, als stehe es nicht auf der Erde, sondern senke sich aus dem Himmel in unsere Welt herein. Manchmal füllt auch eine mächtig thronende Christusgestalt hoch über dem Altar die Rundung des Chorgewölbes.

*

Allmächtiger Gott, du ewiger König!
Du wohnst im Licht
und die Erde ist der Schemel deiner Füße.
Dich rühmt der Erdkreis, dich preisen die Menschen.
Was sind wir, Herr, vor dir, dass du an uns denkst?
Viel zu gering sind wir,
unwert der Barmherzigkeit und Treue,
die du uns erwiesen hast.
Allmächtiger Gott, ewiger König,
dich rühmen wir.
Nimm unseren armen Dank
und unseren armen Glauben an.

Alles, was ist, Herr und Gott, hast du geschaffen.
Alles, was ist, erzählt von deinen Gedanken,
liebender Gott.
Alles, was ist, rühmt deine Weisheit,
mächtiger Gott.
In allem, was ist, erfüllt sich dein Plan,
auch in mir, heiliger Gott.
In allem, was ist, schaue ich
das Zeichen deines Glanzes.
Du bist der Bogen über mir.
Du bist die Erde unter mir.
Du bist die Höhe und die Tiefe.
Ich bin in dir. Ich preise dich,
herrlicher Gott.

Auf dich hoffe ich, Herr,
wann werde ich dahin kommen, dich zu schauen?
Wie der Hirsch schreit nach frischem Wasser,
so schreit meine Seele, Gott, zu dir.
Du, o Gott, wirst das Licht sein, das wir schauen
im Glanze deines Angesichts.
Aber wir werden nicht allein dich schauen,
sondern auch mit dir leben,
nicht allein mit dir leben, sondern uns mit dir freuen,
nicht allein mit dir freuen,
sondern auch deinen Engeln gleich sein,
nicht aber den Engeln allein, sondern auch dir, Gott, selbst,
den wir rühmen in Ewigkeit.

Johann Gerhard

*

O meine einzig wahre Liebe,
einziger Liebhaber meiner Seele,
dich will ich jetzt lieben,
damit ich dich einst lieben kann.
Welch ein Tag, ein langer Tag ohne Abend,
der Tag der Ewigkeit,
wenn ich so ganz anders sein werde als jetzt,
wo ich einen sterblichen Leib in mir fühle,
verwirrt und abgelenkt bin durch zehntausend Gedanken,
von denen mir jeder den Himmel verschlösse!

O mein Gott, was für ein Tag,
wenn meine Sünden endgültig alle
von mir genommen sind,
wenn ich vollkommen vor dir stehe,
vor deinen Augen Gefallen finde
und deine Nähe ertrage, ohne mich zu schrecken. …

O mein Gott, zwar bin ich noch unwürdig,
dich zu sehen oder zu fassen,
aber ich will in deiner Nähe sein und ersehnen
was mir noch unvollkommen zuteil wird. …
Nur dies soll mein Leben sein:
dich anzubeten, mich dir darzubringen.

John Henry Newman

Lobgesang auf die Weisheit

*Auch ich bin ein sterblicher Mensch wie alle anderen,
ein Abkömmling des ersten,
von Gott geschaffenen Erdensohnes,
und bin im Leibe meiner Mutter
zehn Monde lang aus Fleisch gebildet worden,
denn kein König
hat einen anderen Anfang seines Lebens.
Den gleichen Eingang ins Leben haben alle
und den gleichen Ausgang.
Deshalb flehte ich und empfing Einsicht.
Ich betete, da kam der Geist der Weisheit zu mir.
Ich schätzte sie höher als Zepter und Thron
und Reichtum hielt ich für nichts
im Vergleich mit ihr.
Für nichts hielt ich den edelsten Stein gegen sie,
denn alles Gold ist gegen sie wie wertloser Sand
und Silber wie Schmutz.
Ich liebte sie mehr als Wohlbefinden und Schönheit
und erwählte sie zu meinem Licht,
denn nimmer erlischt der Glanz,
der von ihr ausgeht.
Mit ihr kamen aber auch alle anderen Güter zu mir
und unschätzbarer Reichtum kam aus ihrer Hand.
Ich war in allen Dingen fröhlich,
weil die Weisheit es war,
die sie mir geschenkt hatte.
Ich wusste aber nicht,
dass sie alles geschaffen hatte.
Einfältig habe ich es gelernt,
neidlos teile ich es mit
und ich verberge ihren Reichtum nicht.
Mir aber gebe Gott, nach meiner Einsicht zu reden
und solchen Gaben entsprechend zu denken.
Denn Gott selbst ist der Wegweiser zur Weisheit
und der Leiter der Klugen.*

Weisheit Salomos 7,1–15

Es ist ja ein Geist in ihr,
der verständig und heilig ist,
der aus einem *Ursprung kommt*
und sich unendlich bis ins Feinste verzweigt,
beweglich und durchdringend und unbefleckt,
klar und unbestechlich, gütig und scharf,
unhemmbar, wohltätig
und wohlgesonnen den Menschen,
beständig, zuverlässig und ohne Sorge,
aller Dinge fähig, aller Einsicht mächtig
und alle Geister ganz durchdringend,
die denkenden, reinen und feinwirkenden.
Denn die Weisheit ist das Allerbehändeste,
sie dringt durch alles hindurch, so lauter ist sie.
Denn sie ist das Hauchen der göttlichen Kraft,
ein reiner Strahl der Herrlichkeit des Allherrschers.
Sie ist ein Glanz des ewigen Lichtes,
ein unbefleckter Spiegel der göttlichen Kraft,
ein Bild seiner Güte.
Sie ist eines und tut doch alles.
Sie bleibt, was sie ist, und erneut doch alles.
Und immer und immer geht sie
in die heiligen Seelen ein
und macht Menschen zu Gottes Freunden
und Propheten.
Denn Gott macht niemanden zu seinem Freunde,
er bleibe denn bei der Weisheit.

Weisheit Salomos 7,22–28

Das Lob aller Dinge

Die Psalmen fordern nicht nur den Menschen auf, Gott zu loben, sondern auch die Steine, die Bäume und die Berge. Sie sagen: Der Baum ist ein Gedanke Gottes. Er spiegelt seine Absicht. Er ist vollkommen, wenn das schöpferische Können Gottes an ihm sichtbar ist. Wenn er das ist, was er sein soll, nämlich ein Baum, dann »lobt« er Gott und verweist auf seinen Meister. Die Sterne loben Gott, indem sie leuchten. Die Maulwürfe loben Gott, indem sie in der Erde wühlen. Denn das wollte er von ihnen. So hat er sie gemeint. Die Menschen aber waren gemeint als Wesen, die auf Gott hören, ihn verstehen und ihm antworten. Sie loben Gott, indem sie seine Bestimmung erfüllen, sodass sie Gott, der sie gemacht hat, lieben und ihm vertrauen. So verweisen sie auf ihren Meister. Die vollkommenste Antwort, die ein Mensch Gott geben kann, ist der Lobgesang. Indem er Gott rühmt, ist er ganz frei, ist er ganz er selbst geworden.

*

Groß ist unser Herr und groß seine Macht und seiner Weisheit kein Ende. Lobet ihn, Sonne, Mond und Planeten, in welcher Sprache immer euer Loblied dem Schöpfer erklingen mag. Lobet ihn, ihr himmlischen Harmonien, und auch ihr, die Zeugen und Bestätiger seiner enthüllten Wahrheiten! Und du, meine Seele, singe die Ehre des Herrn dein Leben lang! Von ihm und durch ihn und zu ihm sind alle Dinge, die sichtbaren und unsichtbaren. Ihm allein sei Ehre und Ruhm von Ewigkeit zu Ewigkeit!

Ich danke dir, Schöpfer und Herr, dass du mir diese Freude an deiner Schöpfung, das Entzücken über die Werke deiner Hände geschenkt hast. Ich habe die Herrlichkeit deiner Werke den Menschen kundgetan, so weit mein endlicher Geist deine Unendlichkeit zu fassen vermochte. Wo ich etwas gesagt habe, was deiner unwürdig ist, oder wo ich der eigenen Ehre nachgetrachtet habe, da vergib mir in Gnaden.

Johannes Kepler

O großer Geist, dessen Stimme ich in den Winden vernehme
und dessen Atem der ganzen Welt Leben spendet, höre mich.
Ich trete vor dich hin als eines deiner vielen Kinder.
Ich bin klein und schwach.
Ich bedarf deiner Kraft und Weisheit.
Lass mich in Schönheit wandeln und meine Augen
immer den roten und purpurnen Sonnenuntergang schauen.
Lass meine Hände die Dinge verehren, die du gemacht hast,
und meine Ohren deine Stimme hören.
Schenke mir Weisheit, dass ich die Dinge,
die du mein Volk gelehrt hast, und die Lehre,
die du in jedem Blatt und jedem Felsen verborgen hast,
erkennen möge.
Nicht um meinen Brüdern überlegen zu sein, suche ich Kraft,
sondern um meinen größten Feind bekämpfen zu können
– mich selbst.
Mache mich immer bereit,
mit reinen Händen und geradem Blick zu dir zu kommen,
damit mein Geist, wenn dereinst mein Leben verblasst
wie die untergehende Sonne,
ohne Scham zu dir kommen möge.

Gebet der Sioux

*

O Herr der Welt, höre mich.
Von der Himmelshöhe, von der Meerestiefe,
wo immer du willst, Schöpfer der Welt,
Erschaffer der Menschen, Herr aller Herren.
Zu dir allein mit schwachen Augen komme ich,
voll Sehnsucht, dich zu erkennen.
Du siehst mich. Du kennst mich.
Sonne und Mond, Tag und Nacht, Frühling und Winter,
sie alle eilen getreu deinem Befehl
von bestimmten Orten an ihre Bestimmung.
Rechtzeitig gelangen sie ans Ziel,
wohin immer du befiehlst.
O höre mich an, mach mich zu deinem Auserwählten,
dulde nicht, dass ich ermatte, dass ich sterbe.

Gebet der Inkas

Sich in Gott freuen

Die Seele nährt sich von dem,
woran sie sich freut.

Augustinus

*

Alles, was ist, soll einstimmen
in ein Lied der Freude an Gott.

Stimmt ein, singt mit, alle, die oben sind in der Höhe,
singt mit, ihr Engel
und das ganze Heer seiner himmlischen Diener!
Singt mit, Sonne und Mond.
Singt mit, ihr leuchtenden Sterne.
Singt mit, ihr Welten, die Gottes Wohnung sind.
Singt mit, ihr unendlichen Räume im All.
Rühmet Gott, ihr sein Werk.

Stimmt ein, singt mit, alle, die ihr unten auf der Erde seid,
bis hinab zu den Ungeheuern in der Tiefe des Meeres!
Singt mit, Gewitter und Hagel.
Singt mit, Schnee und Nebel.
Sing mit, du Sturmwind,
der seinen Willen ausrichtet.
Singt mit, ihr Berge und Hügel,
ihr Fruchtbäume und ihr Zedern,
ihr wilden Tiere und ihr Tiere im Haus.
Singt mit, Würmer und gefiederte Vögel.

Stimmt ein, singt mit,
ihr Könige der Erde und ihr Völker alle!
Ihr Fürsten und ihr Richter, die die Erde ordnen.
Ihr jungen Männer, ihr jungen Frauen,
ihr Greise samt den Kindern.
Rühmt alle Gott, denn er allein hat die Macht.
Seine Hoheit glänzt über der Erde und über dem Himmel.
Er wird seinem Volk Kraft geben und sein Glanz
wird ein Licht sein für alle, die ihm zugewandt sind.
Rühmet den Herrn!

Psalm 148

5.06.22

O Herr der Welt,
dir singe ich.
Alles blüht um mich her
und die Welt ist gesegnet und voll Freude.
Dir singe ich!
Wie glänzt jetzt der Tau,
wie jubeln alle die bunten Vögel,
der Gesang der Zwitschernden tönt überall.
Alle singen dir zu Ehren,
dem Erschaffer des Alls, dir, der Gott ist.

kann man das im Kriegszeit und Krankheit beten? ja Gott will das so, nicht nur an Leid denken sondern sich erfreuen und dankbar sein

Du allein
bist die Quelle des Gesanges,
denn das Lied wurde im Himmel geboren.
Ach, nur im Himmel lässt seine Stimme strahlen
der liebliche Vogel der Götter
und die heiligen Vögel jubeln im Wechselgesang
zum Preise des, der die Welt geschaffen.

Mein Herz hört die Stimmen
und ich will alle dunklen Schleier
der Vergangenheit den Winden geben,
damit auch mein Seufzen aufsteigt
in den unendlich leuchtenden Himmel,
hoch hinauf, und mitklingt,
wo die gelben Kolibris singen
zum Preise des Gottes der Himmel.

Ach, ich will nicht weinen auf Erden.
Verfällt nicht das Haus irdischer Träume?
Ach, ich weiß, was immer die Erde trägt,
muss enden, wie hier unser Leben endet.
Lass mich singen zu dir, du Grund des Alls,
im Himmel möge meine Seele dir singen,
dass du sie freundlich ansiehst,
du, durch den wir leben.

Altmexikanischer Hymnus

Mein Lied gilt Gottes Herrlichkeit

Ich preise dich, Gott.

Du hast mich weise gemacht
durch deine Rede zu mir.
Tiefe Geheimnisse hast du mir gezeigt
in deiner wunderbaren Liebe,
in deinem reichen Erbarmen mit mir,
dessen Herz verwirrt ist.

Wer unter den Himmlischen ist wie du?
Wer gleicht dir, der du die Wahrheit bist?
Wer ist gerecht vor dir, wenn du ihn richtest?

Was ist der Mensch? Erde ist er,
zum Staube kehrt er zurück.
Aber du gibst ihm Einsicht in deine Wunder,
Kunde von deinem Willen.
Staub bin ich und Asche.
Was kann ich denken, wenn du es nicht gibst,
was kann ich planen, wenn du nicht willst?
Was kann ich wollen,
wenn du nicht die Kraft gibst?
Wie kann ich etwas verstehen,
wenn du es mir nicht öffnest?
Was kann ich reden,
wenn du es nicht in meinen Mund legst?
Wie soll ich erwidern,
wenn du nicht die Worte gibst?

Nichts geschieht ohne dich.
Nichts wird erkannt ohne deinen Willen.
Nichts ist das Licht gegen deinen Glanz.
So seist du gepriesen, barmherziger Gott!

Nach den Lobgesängen der Gemeinde von Qumran

Was ich mit meinem Geist begriff, will ich singen.
All mein Lied gilt Gottes Herrlichkeit.
Die Saiten meiner Harfe stimme ich
nach seiner heiligen Ordnung.
An seine Flöte lege ich meine Lippen,
an seine heiligen Gesetze.
Wenn der Tag kommt und die Nacht,
will ich bei Gott stehen,
in seinen heiligen Bund will ich treten.
Zu Gott will ich sagen: Du bist meine Gerechtigkeit!
Zum Höchsten will ich sagen:
Du bist der Grund alles dessen, was an mir gut ist.
Du bist der Quell der Erkenntnis,
der Brunnen der Heiligkeit.

Wenn ich beginne, Hand und Fuß zu regen,
will ich ihn preisen.
Wenn ich hinausgehe oder heimkomme,
wenn ich mich setze, wenn ich aufstehe
oder auf meinem Lager liege,
will ich ihm singen, ihn preisen.
Mit dem Opfer, das meine Lippen bringen,
will ich ihm danken.
Ehe ich meine Hand hebe, mich zu sättigen
mit den Köstlichkeiten der Erde,
wenn Schrecken hereinbricht
und Furcht mich ergreift,
wenn ich im Elend bin ohne Trost,
will ich ihn preisen und seine Wunder bekennen,
will nachsinnen über seine Macht
und auf seine Liebe mich stützen den ganzen Tag.
Wenn die Not beginnt, will ich ihm ein Loblied singen,
und bin ich in Bedrängnis, singe ich seinen Preis.

Nach den Lobgesängen der Gemeinde von Qumran

Der Garten

Unsere Sprache hat kein Wort, um wiederzugeben, was Jesus mit dem »Reich Gottes« gemeint hat. Wo das »Reich Gottes« ist, da hat Gott allein die Macht, da hat der Mensch Schutz und Frieden, da genießt er Leben und Glück, da ist kein Gegensatz zwischen dem Willen Gottes und dem des Menschen, da ist kein Leid und kein Tod mehr, keine Gewalttat und keine Angst, kein Rätsel und keine Gefahr. Und wenn wir uns hier auf der Erde um das Reich Gottes bemühen sollen, dann meint Jesus, dies müsse sich in dieser Welt im Frieden und in der Gerechtigkeit zeigen, die wir unter den Menschen schaffen, im Schutz, der den Schwachen gewährt wird, und in der Liebe, mit der wir einander begegnen.

Die Offenbarung des Johannes spricht von der »himmlischen Stadt«. Für die immer gefährdeten Nomaden der alten Welt war die Stadt eine Zuflucht, ein Ort, an dem die Heimatlosen zur Ruhe kamen und die Bedrohten geschützt waren, ein Ort des Glücks und des Friedens.

In der Urgeschichte der Bibel ist die Rede von einem Garten. Der Garten war für jene Zeit nicht ein Schlaraffenland, sondern ein fruchtbares Stück Erde, auf dem zu leben und zu arbeiten Sinn hatte und die Mühe lohnte. Bis heute ist der Garten ein mystisches Bild für eine in Gott vollendete Welt und für das Leben eines in Gott geborgenen Menschen. Aus der Kunst der mittelalterlichen Mystik ist uns das »Paradiesgärtlein« eines oberrheinischen Meisters erhalten, ein Bild, auf dem ein Kind in einem Garten sitzt und auf einem kleinen Saiteninstrument spielt. Damit ist gemeint: Der Streit und die Angst und die Dissonanzen unseres Daseins sind nicht das Ganze und nicht das Letzte. In einer verwandelten Welt werden sich Gott und der Mensch neu begegnen und es wird alles gut sein.

Wenn es etwas Heilendes gibt, dann ist es der dankbare Lobgesang, der hier auf der Erde beginnt, wo immer einem Menschen ein Klang von himmlischer Musik gelingt, ein Ton der Liebe, der Geduld, der Hoffnung oder der Güte.

Dein, Gott der Gnade, ist das Reich.
Du bist meine Zuflucht,
mein Schutz in aller Gefahr,
mein Friede in allem Streit,
die Mauer, die mich deckt,
die Burg, die mich birgt,
das Tor, das mich schützt.
Dein ist das Reich.
Wer sollte mir drohen?

Dein, Gott im Lichtglanz, ist das Reich.
Nahe bist du,
wenn ich mich mühe und nicht weiß, wofür.
Frucht wächst aus meiner Mühe
durch dich, auch wenn ich sie nicht sehe.
Dein ist die Stunde des Spiels,
dein ist der Zauber der Schönheit.
Dein ist das Reich.
Was soll mich kränken?

Dein, Gott des Friedens, ist das Reich.
Ein Bild zeigst du meiner Seele
von deiner kommenden Herrschaft.
Du wirst mir den Sinn zeigen,
den ich mit Bangen gesucht habe,
den Sinn des Streits und der Tränen.
Das Bild deines Friedens zeigst du
und ich danke dir.
Denn dein ist das Reich.

Du bist das Ziel meiner Wege, Gott der Weisheit,
dein Reich suche ich.
Gib mir ein Zeichen auf dieser Erde schon.
Mache mich zu einer Zuflucht,
dass ich den Frieden schütze und die Güte,
das Spiel und die Schönheit,
und dass ich dem Misston des Hasses
das Lied meines Danks entgegensinge.
Ich danke dir, dass das Reich dein ist.

Dreieinigkeit

Wir können von Gott nicht anders reden als mit menschlichen Worten. Wir brauchen Vergleiche, die unser Verstand erfasst. Wir sehen Bilder, Spiegelungen eines Geheimnisses in den Farben dieser Erde. Es mag undeutlich sein, was wir von Gott wissen, ein Bild mag dem anderen widersprechen, dennoch haben wir keinen anderen Zugang. Wir mögen die alte Lehre von der Dreieinigkeit ungenau finden oder allzu genau, wir werden doch immer wieder zu ihr zurückkehren, jedenfalls solange wir an Jesus Christus ablesen, wer Gott ist. Wir werden versuchen, das Geheimnis Gottes zu umkreisen, und werden uns mit diesem seltsamen Versuch zufriedengeben. Denn der Glaube an den dreieinigen Gott will Gott nicht beschreiben, wie ein Schulbuch ein exotisches Tier beschreibt, sondern ihn anreden. Das hymnische Gebet lobt ihn, weil Gott nur so zu finden ist. Nur im Gebet hat der Glaube an den dreieinigen Gott seinen vollen Sinn. Wer Gott dagegen beschreiben will, rührt an ein Geheimnis und erhält doch nur das »eins und drei und drei und eins« einer absurden Rechnung.

*

Wir erkennen dich, Schöpfer.
Wir ehren dein Geheimnis
und danken dir, dass du da bist,
Ursprung und Quelle aller Dinge und Wesen,
der sichtbaren und der unsichtbaren,
aller Kräfte und Gewalten,
der messbaren und der verborgenen.
Im Abglanz unserer Lichter
und im Spiegel unserer Bilder
schauen wir dein Licht.
Wir glauben, unser Gott,
und lassen uns dir.

Wir lieben dich, Christus, unser Bruder,
deine Fremdheit und deine Nähe,
und danken dir, dass du da bist.

Du warst arm, um uns reich zu machen.
Dir glauben wir.

In dir schauen wir die Güte des Vaters.
Du zeigst uns den Weg, der zum Vater führt.
Du zeigst uns die Wahrheit, die wir verstehen.
Wir glauben dir und folgen dir nach.

Wir freuen uns in dir, Gott,
der du alles verwandelst.
Lebendiges Feuer, Glut des Herzens.
Du Kraft der Freiheit, die uns aus aller Knechtschaft löst.
Du Kraft der Zuversicht, die uns auf unserem Weg hält.
Du Kraft des Friedens, die den Hass überwindet.
Du Kraft der Liebe, in der die Verzweiflung endet.
Komm zu uns. Wir geben dir Raum.
Heile uns, stärke uns, verzehre uns.
Du, der Ratlosen Rat,
der Kranken Trost, der Sterbenden Licht.
Wir sind glücklich, aus dir zu leben.
Nichts sind wir ohne dich.
Alles sind wir, wenn du in uns bist.

Dreieiniger, heiliger Gott,
du wohnst in einem Licht, das niemand schaut.
Wir beten dich an.
Mit Worten und Taten preisen wir dich,
deine verborgene Tiefe, deine Größe und Hoheit,
deine Güte und Barmherzigkeit.
Nichts sind wir ohne dich.
Alles sind wir, wenn wir in dir sind.
Dir, dem heiligen Gott, gehören Glaube und Dank,
Leib und Seele.
Lass dir unser armes Gebet gefallen,
bis wir dich schauen von Angesicht zu Angesicht.

Ewige Gegenwart

Ewiger Gott,
du Vater der Menschen,
um deiner Größe und deiner Barmherzigkeit willen
liebe ich dich.
Wenn mir angst wird, weil ich so klein bin
– du bist groß.
Wenn ich wehrlos bin und mich fürchte
– du bist mächtig.
Wenn ich Gefahr und Tod vor mir sehe
– du bist das Leben.
Alles, was du bist, willst du mir geben,
so viel mein Herz fasst.
So bin ich nicht gering,
sondern dein Geschöpf und dein Kind.
Ewig bin ich, weil du mir Ewigkeit gibst.
So groß bist du, dass du mir Anteil gibst an dir,
an deiner Herrlichkeit.

Gütiger Gott, vor deiner Liebe beuge ich mich.
Nicht weil du so mächtig bist,
dass du mich zerschmettern könntest,
nicht weil du so herrlich bist,
dass ich vor dir vergehe,
nicht weil dein Licht so hell ist,
dass es meine Augen blendet,
sondern weil deine Liebe so groß ist,
dass sie mich schön macht und frei.

Ich erhebe mich heute durch eine gewaltige Kraft,
die Anrufung der Dreieinigkeit,
und bekenne den Schöpfer der Schöpfung.

Ich erhebe mich heute durch die Kraft Gottes,
die mich lenkt:
Gottes Macht halte mich aufrecht,
Gottes Auge schaue für mich,
Gottes Ohr höre für mich,
Gottes Wort spreche für mich,
Gottes Weg will ich gehen,
sein Schild schütze mich.

Christus sei mir zur Rechten,
Christus mir zur Linken.
Er die Kraft.
Er der Friede.

Christus sei, wo ich liege.
Christus sei, wo ich sitze.
Christus sei, wo ich stehe.
Christus in der Tiefe,
Christus in der Höhe,
Christus in der Weite.

Christus sei im Herzen eines jeden,
der meiner gedenkt.
Christus sei im Munde eines jeden,
der von mir spricht.
Christus sei in jedem Auge,
das mich sieht,
Christus in jedem Ohr,
das mich hört.
Er mein Herr.
Er mein Erlöser.

Ich erhebe mich heute durch eine gewaltige Kraft,
durch die Anrufung des dreieinigen Gottes.

Patrick, Bischof von Irland

Unser Gott,
der Mächtige,
Ursprung und Vollender aller Dinge,
von dem du herkommst
und auf den du zugehst,

segne dich,
gebe dir Gedeihen und Wachstum,
Gelingen deinen Hoffnungen,
Frucht deiner Mühe,

und behüte dich
vor allen dunklen Gedanken,
sei dir Schutz in Gefahr
und Zuflucht in deiner Angst.

Unser Gott lasse leuchten sein Angesicht über dir,
wie die Sonne über der Erde
Wärme gibt dem Erstarrten
und Licht allem, was lebt,

und sei dir gnädig,
wenn Schuld dich quält.
Er löse dich von allem Bösen
und mache dich frei.

Unser Gott erhebe sein Angesicht auf dich,
er sehe dein Leid und deine Schmerzen,
er höre deine Stimme,
heile und tröste dich

und gebe dir Frieden,
das Wohl des Leibes
und das Wohl der Seele,
Liebe und Glück.

Amen.
So will es Gott,
der von Ewigkeit zu Ewigkeit bleibt.
So steht es fest nach seinem Willen
für dich.

Namenregister

Ambrosius 157
Ambrosius von Mailand, * 339 in Trier, † 397 in Mailand; römischer Politiker, Bischof von Mailand, bedeutender Kirchenlehrer der Spätantike und Heiliger in der katholischen Kirche.

Angelus Silesius 188
»Schlesischer Bote«; Wahlname von Johannes Scheffler, * 1624, † 1677 in Breslau; bedeutender Lyriker des Barock, Theologe und Arzt, der 1653 von der lutherischen zur katholischen Kirche übertrat, weil er im Protestantismus mystische Denkansätze (»der Christen höchste Weisheit«) als unterbewertet empfand.

Augustinus 51, 89, 133, 201, 232
Aurelius Augustinus von Hippo, * 354, † 430 in Hippo Regius/Numidien, heute Algerien; Philosoph und Rhetoriklehrer in Mailand, Theologe und Bischof von Hippo, bedeutender Kirchenlehrer der Spätantike und Heiliger in der katholischen Kirche.

Baalschem 22
eigentlich Baal Schem Tov, »Meister des guten Namens«; Ehrenname von Israel Ben Eliëser, * um 1700 in Okop, † 1760 in Miedzyborz/Polen-Litauen; bedeutender Rabbi, der als Begründer der mystisch geprägten chassidischen Bewegung im osteuropäischen Judentum gilt.

Benedetti, Mario 96, 98 f.
* 1920 in Tacuarembó, † 2009 in Montevideo/Uruguay; Journalist, Schriftsteller und Dichter, 1971 Mitbegründer der Linkskoalition »Frente Amplio«, nach der Machtergreifung des Militärs 1973–1985 im Exil in Argentinien, Cuba und Spanien.

Bengel, Johann Albrecht 139
* 1687 in Winnenden, † 1752 in Stuttgart; Theologe und Pfarrer, Hauptvertreter des württembergischen Pietismus.

Bernanos, Georges 132
* 1888 in Paris, † 1948 in Neuilly-sur-Seine; Schriftsteller und bedeutender Vertreter des Renouveau catholique, einer Bewegung, die sich gegen die Trennung von Staat und Kirche aussprach; er wandte sich früh gegen die faschistischen Machthaber in Spanien und Deutschland und lebte 1938–1945 im Exil in Paraguay und Brasilien.

Bezzel, Hermann 213
* 1861 in Gunzenhausen, † 1917 in München; evangelischer Theologe, Rektor der Diakonissenanstalt in Neuendettelsau.

Bonhoeffer, Dietrich 138, 164
* 1906 in Breslau, † 1945 getötet im Konzentrationslager Flossenbürg; evangelischer Theologe, Pfarrer und Hochschullehrer in Berlin, der schon sehr früh gegen das NS-Regime und die unterstützenden Deutschen Christen Stellung bezog; ab 1934 bedeutender Vertreter der Bekennenden Kirche, 1943 verhaftet und 1945 in einem Scheinprozess verurteilt; in einigen evangelischen Kirchen als Märtyrer verehrt.

Boros, Ladislaus 41
* 1927 in Budapest, † 1981 in Cham; katholischer Theologe und Hochschullehrer in Zürich und Innsbruck, bis 1973 Jesuit, dann freier Schriftsteller.

Brecht, Bertolt 200
* 1898 in Augsburg, † 1956 in Ost-Berlin; Dramatiker und Lyriker, der 1933–1948 im Exil u.a. in Dänemark, Frankreich, USA und der Schweiz lebte.

Buber, Martin 217
* 1878 in Wien, † 1965 in Jerusalem; bedeutender jüdischer Religionsphilosoph und früher Vertreter der zionistischen Bewegung, bis 1933 Hochschullehrer in Frankfurt/M., 1938 Emigration nach Palästina und Hochschullehrer in Jerusalem.

Calvin, Johannes 168
* 1509 in Noyon/Picardie, † 1564 in Genf; Theologe und Reformator, der vor allem von Genf aus die Reformation in Westeuropa nachhaltig prägte.

Câmara, Hélder Pessoa 74, 105
* 1909 in Fortaleza, † 1999 in Recife/Brasilien; katholischer Priester, Mitbegründer der Lateinamerikanischen Bischofskonferenz, ab 1964 Erzbischof von Olinda und Recife, bedeutender Vertreter der Befreiungstheologie und einer Kirche der Armen, 1964–1983 entschiedener Gegner der Militärdiktatur, 1974 mit dem Friedenspreis des norwegischen Volkes geehrt.

Camus, Albert 65
* 1913 in Mondovi/Algerien, † 1960 bei Villeblin/Frankreich; Journalist, Schriftsteller und Philosoph, bedeutender Vordenker des Existentialismus; er wurde 1957 mit dem Nobelpreis für Literatur geehrt.

Cardenal, Ernesto 97
* 1925 in Granada/Nicaragua; katholischer Priester, Dichter und sozialistischer Politiker, bedeutender Vertreter der Befreiungstheologie, der 1979–1987 Kulturminister von Nicaragua war und 1985 vom Priesteramt suspendiert wurde.

Cervantes, Miguel de 214
* 1547 in Alcalá de Henares, † 1616 in Madrid; Schriftsteller, dessen zweiteiliger Roman »Don Quijote« als eines der »besten Bücher der Welt« bezeichnet wird.

Claudius, Matthias 166
* 1740 in Reinfeld/Holstein, † 1815 in Hamburg; Dichter und Journalist in Wandsbek (»Der Wandsbecker Bote«) und Darmstadt, ab 1785 Verfasser vor allem lyrischer Texte in Altona.

Clemens XI. 168
* 1649 in Urbino als Giovanni Francesco Albani, † 1721 in Rom; Theologe und Rechtswissenschaftler, ab 1700 Papst.

Crasset, Jean 172
* 1618 in Dieppe, † 1692 in Paris; katholischer Priester, Theologe und Jesuit, Hochschullehrer in Paris.

Detzer, Johann Andreas 33
* 1800, † 1873; Hebraist und Theologe, Pfarrer in Ahornberg/Oberfranken, Herausgeber von Schriften Martin Luthers und Vertreter des deutschen Idealismus.

Dieffenbach, Georg Christian 81
* 1822, † 1901 in Schlitz/Oberhessen; Pfarrer und Dichter, der zahlreiche bekannte Gebete, Gedichte und vor allem viele Kinderlieder und Kindergedichte verfasste.

Dostojewskij, Fjodor 192
* 1821 in Moskau, † 1881 in St. Petersburg; einer der bedeutendsten russischen Schriftsteller, dessen sozialkritische und psychologische Werke prägend auf die Literatur des 20. Jahrhunderts wirkten.

Ellington, Duke 186
* 1899 in Washington, † 1974 in New York; Komponist und sehr einflussreicher Jazzmusiker.

Fénelon, François 134, 171
* 1651 im Périgord, † 1715 in Cambrai; katholischer Priester und Lehrer, Bischof von Cambrai und Mitglied der Académie française, dessen Schriften als frühe Dokumente der Aufklärung gelten.

Foucauld, Charles de 169
* 1858 in Straßburg, † 1916 in Tamanrasset/Algerien; Offizier und Forscher, Trappistenmönch und Einsiedler, ab 1901 Priester in Algerien, auf den sich heute zahlreiche katholische Gemeinschaften beziehen; er wurde 2005 seliggesprochen.

Frettlöh, Dieter 65
* 1925 in Herchen, † 2004 in Wenningsted/Sylt; evangelischer Pfarrer und Dichter, Verfasser zahlreicher neuer geistlicher Lieder.

Gerhard, Johann 227
* 1582 in Quedlinburg, † 1637 in Jena; lutherischer Pfarrer und Hochschullehrer, bedeutender Vertreter der so genannten lutherischen Orthodoxie.

Gide, André 70
* 1869, † 1951 in Paris; Schriftsteller, der 1948 mit dem Nobelpreis für Literatur geehrt wurde.

Gollwitzer, Helmut 93
* 1908 in Pappenheim/Bayern, † 1993 in Berlin; evangelischer Theologe, Schriftsteller und Sozialist mit führender Rolle in der Bekennenden Kirche, im Kampf gegen Wiederbewaffnung, Atomwaffen und Wettrüsten, im Dialog der Religionen und Konfessionen und in der Kritik der kapitalistischen Wirtschaft.

Gotthelf, Jeremias 128
eigentlich Albert Bitzius, * 1792 in Murten, † 1854 in Lützelflüh/Schweiz; reformierter Pfarrer und Schriftsteller, Vorkämpfer für Kinderrechte und soziale Gerechtigkeit in der Schweiz.

Huch, Ricarda 28
* 1864 in Braunschweig, † 1947 in Schönberg/Taunus; Schriftstellerin, Dichterin und Historikerin mit prägender Wirkung auf die Geschichtswissenschaft in Deutschland.

Humboldt, Wilhelm von 224
* 1767 in Potsdam, † 1835 in Tegel; preußischer Gelehrter, Diplomat, Bildungsreformer und Sprachforscher.

Hus, Johannes 183
* um 1369 in Husinek/Böhmen, † 1415 in Konstanz während des Konzils als Ketzer getötet; Theologe, Prediger und Lehrer, der in seinen Schriften Kirche, Klerus und Papsttum kritisierte und einen Widerruf seiner Ansichten verweigerte.

Jung-Stilling, Heinrich 168
eigentlich Johann Heinrich Jung, * 1740 in Grund/Siegerland, † 1817 in Karlsruhe; Augenarzt, Wirtschaftswissenschaftler und Schriftsteller, der mit dem süddeutschen Pietismus eng verbunden war.

Kagawa Toyohiko 35
* 1888, † 1960 in Kobe/Japan; evangelischer Sozialreformer, pazifistischer Politiker und Schriftsteller, Gründer von Armenhilfswerken und Verfechter einer von Kirchen, Gewerkschaften und Friedens-

bewegung getragenen »Bruderschaftsökonomie« als Alternative zu den herrschenden Wirtschaftsformen.

Kepler, Johannes 230
* 1571 in Weil der Stadt, † 1630 in Regensburg; Mathematiker, Astronom, evangelischer Theologe und Mystiker, der unter anderem die Gesetzmäßigkeiten des kopernikanischen Weltbilds bewies und als einer der frühen Naturwissenschaftler gilt.

Kierkegaard, Sören 21, 174, 211
* 1813, † 1855 in Kopenhagen; Philosoph, Theologe und religiöser Schriftsteller, der der Philosophie und Theologie seiner Zeit skeptisch gegenüberstand und als Wegbereiter von Existenzphilosophie und dialektischer Theologie gilt.

King, Martin Luther 59
* 1929 in Atlanta/Georgia, † 1968 in Memphis/Tennessee durch ein Attentat getötet; Baptistenpastor und schwarzer Bürgerrechtler, der 1964 mit dem Friedensnobelpreis geehrt wurde.

Köhler, Ludwig 73
* 1880 in Neuwied, † 1956 in Zürich; evangelischer Pfarrer, Hochschullehrer und Schriftsteller.

Krauss, Heinrich 96
* 1922, † 2014 in München; Jurist, katholischer Theologe, Schriftsteller und Filmschaffender, 1951–1975 Jesuit.

Luther, Martin 49, 55, 74, 166, 203, 208, 210
* 1483, † 1546 in Eisleben; Augustinermönch und Bibelübersetzer, dessen Theologie und die aus ihr abgeleiteten »95 Thesen« im Jahr 1517 den Ausgangspunkt der Reformation bilden.

Mansur al-Halladsch 212
* 857 im Iran, † 922 in Bagdad als Ketzer getötet; islamischer Mystiker mit bedeutendem Einfluss auf den Sufismus und die alevitische Glaubensrichtung des Islam.

Meyer, Conrad Ferdinand 121
* 1825, † 1898 in Zürich; bedeutender Schweizer Schriftsteller, Dichter und Übersetzer.

Mbiti, John 194
* 1931 in Mulango/Kenia; anglikanischer Priester und Hochschullehrer in England, Uganda und der Schweiz, Direktor beim Ökumenischen Rat der Kirchen und Pfarrer der Schweizer reformierten Kirche; er gilt als Begründer einer modernen afrikanischen Theologie.

Mechthild von Hackeborn 153
* 1241 auf Burg Helfta/Eisleben, † 1299 im Kloster Helfta; Zisterzienserin und große christliche Mystikerin.

Morgenstern, Christian 78
* 1871 in München, † 1914 in Untermais/Tirol; Schriftsteller, Dramatiker und Lyriker.

Morus, Thomas 168
* 1478, † 1535 in London als Hochverräter getötet; Jurist, Staatsmann und Autor, der dem englischen König den Eid verweigerte, als dieser sich zum Oberhaupt der anglikanischen Kirche erklärte; in der katholischen Kirche wird er als Heiliger und Märtyrer verehrt.

Newman, John Henry 169, 212, 227
* 1801 in London, † 1890 bei Birmingham; anglikanischer Pfarrer und Theologe, der 1845 zum Katholizismus konvertierte und 1879 zum Kardinal ernannt wurde; er wird in der katholischen Kirche als Seliger verehrt.

Pascal, Blaise 190
* 1623 in Clermont-Ferrand, † 1662 in Paris; Mathematiker, Physiker und Philosoph, der mit seinen Schriften zu einer christlichen Ethik jenseits der Konfessionen großen Einfluss auf spätere Generationen behielt.

Patrick von Irland 241
* um 400 in Wales oder Schottland, † 461/463 im County Down/Irland; christlicher Missionar und Bischof, Kloster-, Schul- und Kirchengründer, der als irischer Nationalheiliger verehrt wird.

Peronneau, Roger 136
* 1920, † 1942 in Mont Valérien, getötet als Mitglied der Résistance; französischer Student.

Picard, Max 16
* 1888 in Schopfheim/Baden, † 1965 in Neggio/Schweiz; Schweizer Arzt, Schriftsteller und Kulturphilosoph.

Probst, Christoph 141
* 1919 in Murnau, † 1943 in München, getötet als Mitglied der Gruppe »Weiße Rose«; Student der Medizin und Freund der Geschwister Scholl.

Renvall, Viola 113
* 1905 in Tampere, † 1998 in Turku; finnische Lehrerin und Psalmendichterin.

Rosenstock-Huessy, Eugen 149
* 1888 in Berlin, † 1973 in Norwich/Vermont; evangelischer Rechtshistoriker und Soziologe jüdischer Herkunft, der ab 1928 Arbeitstreffen organisierte, aus denen später die Widerstandsgruppe »Kreisauer Kreis« entstand; er emigrierte 1933 in die USA und wirkte dort als Hochschullehrer und Schriftsteller.

Sachs, Nelly 42
* 1891 in Berlin, † 1970 in Stockholm; jüdische Schriftstellerin und Dichterin, die noch 1940 nach Schweden fliehen konnte und 1966 mit dem Nobelpreis für Literatur geehrt wurde.

Saint-Exupéry, Antoine de 18, 53, 185
* 1900 in Lyon, † 1944 nahe Marseille beim Absturz seines Flugzeugs; Schriftsteller und Pilot, dessen modernes Märchen »Der kleine Prinz« zu den meistgelesenen und -übersetzten Werken der Weltliteratur zählt.

Schneider, Reinhold 144, 224
* 1903 in Baden-Baden, † 1958 in Freiburg i. Br.; katholischer Schriftsteller, der unter dem NS-Regime Schreibverbot hatte und sich nach dem Krieg entschieden gegen die Wiederbewaffnung einsetzte.

Scholl, Albert Arnold 118
* 1926 in Wetter/Ruhr; Schriftsteller, Dichter und Dramatiker.

Schütz, Paul 64, 66
* 1891 in Berlin, † 1985 in Söcking/Bayern; evangelischer Pfarrer, Hochschullehrer und Publizist.

Schwenckfeld, Kaspar 166
* 1490 in Lüben, † 1561 in Ulm; Reformator und Schriftsteller, dessen mystisch geprägte Theologie die meisten lutherischen Reformatoren ablehnten; seine Anhänger bildeten freikirchliche Gemeinschaften, schlossen sich solchen an oder wanderten nach Neuengland aus.

Söderblom, Nathan 69
* 1866 in Trönö, † 1931 in Uppsala; lutherischer Theologe, Erzbischof von Uppsala und Hochschullehrer für Religionsgeschichte, der für seinen Einsatz für Ökumene und Weltfrieden 1930 mit dem Friedensnobelpreis geehrt wurde.

Suso, Heinrich 172
auch Heinrich Seuse; * 1295 in Konstanz, † 1366 in Ulm; Dominikaner, Schüler von Meister Eckhart und Verfasser sehr einflussreicher mystisch-didaktischer Schriften; er wird in der katholischen Kirche als Seliger verehrt.

Nachweis der Quellen

Alle nicht namentlich gekennzeichneten Texte stammen vom Verfasser. Die Texte anderer Autoren wurden im Lauf einer viele Jahre zurückreichenden Arbeit ausgewählt; trotz intensiven Nachforschens war es daher nicht in jedem Fall möglich, die genaue Quelle oder die Rechteinhaber ausfindig zu machen. Sollten bestehende Rechte unwissentlich verletzt worden sein, sind Verlag und Verfasser für Hinweise dankbar und werden dem Anspruch der Inhaber gerne nachkommen.

Wir danken den Verlagen und Autoren, die den Abdruck von Texten freundlich genehmigt haben.

18 Antoine de Saint-Exupéry: Brief an einen General, in: Romane Dokumente. Düsseldorf: Karl Rauch Verlag 1966

19 Sören Kierkegaard: Gesammelte Werke. Übers. und hrsg. von Emanuel Hirsch. Gütersloh: Gütersloher Verlagshaus 1950–1959

22 Israel Ben Eliëser, genannt Baal Schem Tov, in: Martin Buber: Die Erzählungen der Chassidim. Zürich: Manesse Verlag Conzett & Huber 1949

28 Ricarda Huch: Luthers Glaube. Briefe an einen Freund. Frankfurt/M.: Insel-Verlag 1964.

33 Johann Andreas Detzer, Martin Luther, Johann Arndt: Die deutsche Theologie – ein edles Büchlein vom rechten Verstande. Magdeburg: Arndt 1605; Erlangen: Deichert 1827

34 Alte Fabel. Mitgeteilt von Gerd Heinz-Mohr in: Ursula von Mangoldt (Hrsg.): Jeder Tag ein guter Tag. Weilheim/Obb.: Otto Wilhelm Barth Verlag 1961

35 Toyohiko Kagawa: Discovery, in: Songs from the slums. Nashville/Tennessee: Cokesbury Press 1935 [dt. C. Zink]

41 Ladislaus Boros: In der Versuchung. Freiburg i. Br.: Verlag Herder 1978

42 Nelly Sachs: »Lange haben wir das Lauschen verlernt!«, aus: Nelly Sachs. Kommentierte Ausgabe in vier Bänden. Herausgegeben von Aris Fioretos, Band 1: Gedichte 1940–1950. Herausgegeben von Matthias Weichelt, © Suhrkamp Verlag, Berlin 2010

49 Martin Luther: Wie soll man beten. Hrsg. von Eberhard Müller. Hamburg: Furche-Verlag 1956

51 Aurelius Augustinus: Bekenntnisse, 12. Buch, 10. Kapitel

55 Martin Luther: Ausgewählte Werke, Band 2: Der Bahnbrecher christlicher Lebensordnung. Hrsg. von Wilhelm Pfleiderer. Stuttgart: Calwer Vereinsbuchhandlung 1931

59 Martin Luther King: Testament der Hoffnung – letzte Reden, Aufsätze und Predigten. Eingel. und übers. von Heinrich W. Grosse. Gütersloh: Gütersloher Verlagshaus Gerd Mohn 1974
61 Simone Weil: La connaissance surnaturelle. Paris: Éditions Gallimard 1950 [dt. C. Zink]
65 Dieter Frettlöh in: Dorothee Sölle, Fulbert Steffensky (Hrsg.): Politisches Nachtgebet in Köln. Stuttgart: Kreuz Verlag; Mainz: Matthias Grünewald Verlag 1969
65 Albert Camus: L'envers et l'endroit (Préface), p.18, Folio-essais n° 41, 1937. Paris: Éditions Gallimard 1986 [dt. C. Zink]
66 Paul Schütz: Warum ich noch ein Christ bin. 3. Fassung. Moers: Brendow Verlag 2. Aufl. 1984
69 Nathan Söderblom: När stunderna växla och skrida. Samling 3, Betraktelser, uppsatser och tal. Stockholm: Hugo Gebers Förlag 1915 [dt. C. Zink]
70 André Gide: Aus den Tagebüchern 1889–1939. © 1961, Deutsche Verlags-Anstalt, München, in der Verlagsgruppe Random House GmbH
73 Ludwig Köhler: Wahres Leben. © Luther-Verlag 6. Aufl. 1967, S. 270–273
74 Hélder Câmara: Mach aus mir einen Regenbogen. © 1981 Pendo Verlag in der Piper Verlag GmbH, München und Zürich
79 Simone Weil: Zeugnis für das Gute. Olten: Walter Verlag 1976
88f. Fritz Pawelzik (Hrsg.): Ich liege auf meiner Matte und bete – Afrikanische Gebete. Wuppertal: Aussaat-Verlag 1961
89 Aurelius Augustinus: Bekenntnisse, 10. Buch, 29. Kapitel
91 Zentralausschuss des Ökumenischen Rats der Kirchen: Ein ökumenischer Aufruf zum gerechten Frieden. Genf, Februar 2011 (Ziff. 36)
93 Helmut Gollwitzer: Die reichen Christen und der arme Lazarus – Die Konsequenzen von Uppsala. München: Christian Kaiser Verlag 1968
96 Mario Benedetti in: Stefan Baciu, Kurt Marti (Hrsg.): Der du bist im Exil. Gedichte zwischen Revolution und Christentum aus 16 lateinamerikanischen Ländern. Wuppertal-Barmen: Peter Hammer Verlag 1969
96 Heinrich Krauss SJ (Hrsg.): Über den Fortschritt der Völker. Die Entwicklungsenzyklika Papst Pauls VI. Freiburg i. Br.: © Verlag Herder 1967
97 Ernesto Cardenal: Psalmen. Wuppertal 1967, Neuausgabe 2008
98f. Mario Benedetti in: Stefan Baciu, Kurt Marti (Hrsg.): wie Seite 96
105 Dom Hélder Câmara: Mille raisons pour vivre. Paris: Éditions du Seuil 1980, Desclée de Brouwer 2009 [dt. C. Zink]

106 Fritz Pawelzik (Hrsg.): Ich singe dein Lob durch den Tag – Gebete junger Christen in Afrika. Wuppertal: Aussaat-Verlag 1965

113 Viola Renvall in: Der weite Raum, Oktober 1969. Kassel: Kaiserswerther Verband deutscher Diakonissen-Mutterhäuser

118 Albert Arnold Scholl: Einiges ist noch zu regeln. In: Profil – sozialdemokratische Zeitschrift für Politik, Wirtschaft und Kultur, Band 59, Heft 9. Zürich: Genossenschaftsdruckerei 1980

121 Conrad Ferdinand Meyer: Huttens letzte Tage. Leipzig: Insel-Verlag 1929

128 Jeremias Gotthelf: Uli der Pächter. Zürich: Diogenes Verlag 1978

132 Georges Bernanos: Tagebuch eines Landpfarrers. Köln: Verlag Jakob Hegner 1964; Freiburg i. Br.: Johannes-Verlag Einsiedeln 2007

133 Aurelius Augustinus: Über die Dreieinigkeit, 15,51

134 M. de Genoude (Ed.): Œuvres spirituelles de Fénélon, tome second. Paris: Dufour et Co. Éditeurs 1842 [dt. C. Zink]

136 Roger Peronneau in: Helmut Gollwitzer, Käthe Kuhn, Reinhold Schneider (Hrsg.): Du hast mich heimgesucht bei Nacht – Abschiedsbriefe und Aufzeichnungen des Widerstandes 1933–1945. München: Kaiser Verlag 1957

137 Leo Baeck in: Theodor Bovet: Angst, Sicherung, Geborgenheit. Bielefeld: Furche-Verlag 1975

138 Dietrich Bonhoeffer: Werke, Band 4. Hrsg. von Martin Kuske, Ilse Tödt. Gütersloh: Kaiser Verlag 1989

139 Johann Christian Friedrich Burk: Dr. Johann Albrecht Bengels Leben und Wirken. Stuttgart: Verlag von J. F. Steinkopff 1831

141 Christoph Probst in: Helmut Gollwitzer, Käthe Kuhn, Reinhold Schneider (Hrsg.): Du hast mich heimgesucht bei Nacht – Abschiedsbriefe und Aufzeichnungen des Widerstandes 1933–1945. München: Kaiser Verlag 1957

144 Reinhold Schneider: Das Vaterunser. Freiburg i. Br.: Verlag Herder 1978

149 Eugen Rosenstock-Huessy: Die Sprache des Menschengeschlechts – Eine leibhaftige Grammatik in vier Teilen, Band 2. Heidelberg: Verlag Lambert Schneider 1964

151 Thomas von Kempen: Die Nachfolge Christi, III. Buch, 15. Kapitel. Übers. und hrsg. von Wendelin Meyer, Neuausg. durchges. von Lothar Hardick. Kevelaer: Verlag Butzon & Bercker 2007

153 Mechthild von Hackeborn: Das Buch vom strömenden Lob. Auswahl, Übersetzung und Einführung von Hans Urs von Balthasar. Freiburg i. Br.: Verlag Herder 2001

155 Chassidische Legende in: Wladimir Lindenberg: Die Menschheit betet – Praktiken der Meditation in der Welt. München: Ernst Reinhardt Verlag 1956
164 Rabbi Michael in: Wladimir Lindenberg: wie Seite 155
164 Dietrich Bonhoeffer: Brief an Karl und Paula Bonhoeffer, 13. September 1943. Werke, Band 8, S. 157 f. Hrsg. von Martin Kuske, Ilse Tödt. Gütersloh: Kaiser Verlag 1989
166 Matthias Claudius: Das beste Gebet. Berlin-Steglitz: Christlicher Zeitschriftenverlag 1946
168 William Roper: The Mirrour of Vertue in Worldly Greatness: Or, The Life of Sir Thomas More Knight. London: Alexander Moring/The De La More Press 1903 [dt. C. Zink]
169 nach www.charlesdefoucauld.org/de/priere.php
169 John Henry Newman: Parochial and plain sermons, New edition, Vol. V. London: Rivingtons 1870
171 Œuvres de M. François de Salignac de La Mothe Fénélon, tome septième. Paris: Pierre Didot l'aîné 1791 [dt. C. Zink]
174 Sören Kierkegaard: wie Seite 21
185 Antoine de Saint-Exupéry: Citadelle (LXXXIII). Paris: Éditions Gallimard 1948 [dt. C. Zink]
188 Therese vom Kinde Jesus: Selbstbiographische Schriften – authentische Texte. Einsiedeln: Johannes-Verlag 1981
188 Angelus Silesius: Cherubinischer Wandersmann. 2. Aufl. Glatz: Schubarth 1675
192 Fjodor Dostojewskij: Die Brüder Karamasow. Aus dem Russischen von Swetlana Geier. © Amman Verlag & Co., Zürich 2003. S. Fischer Verlag GmbH, Frankfurt am Main
194 John Mbiti in: Gottfried Hänisch (Hrsg.): jeder tag ist gottes tag. 11. Auflage © Evangelische Verlagsanstalt GmbH, Leipzig 1996
197 Caterina von Siena: Gespräch von Gottes Vorsehung. Eingel. von Ellen Sommer-von Senckendorff, Hans Urs Balthasar. Freiburg i. Br.: Johannes Verlag Einsiedeln 1993
198 Ernst Wiechert: Eine Mauer um uns baue. Dankaufsatz anlässlich der Ehrungen zum fünfzigsten Geburtstag, Mainz 1937. In: Der Totenwald. München: Langen-Müller Verlag 1979, mit freundl. Genehmigung der F. A. Herbig Verlagsbuchhandlung Stuttgart © 1979 by Langen Müller in der F. A. Herbig Verlagsbuchhandlung GmbH, München
200 »Den Nachgeborenen«, aus: Bertolt Brecht, Werke. Große kommentierte Berliner und Frankfurter Ausgabe, Band 13: Gedichte 3. © Bertolt Brecht-Erben, Suhrkamp Verlag 1993
203 nach Martin Luther: Von der Bereitung zum Sterben. Berlin: Verlag des Evangelischen Bundes 1937

206 Georg Trakl: Ein Winterabend, in: Die Dichtungen. Frankfurt am Main: Insel-Verlag 1994
207 Fritz Pawelzik (Hrsg.): wie Seite 88 f.
208 Martin Luther nach Ludwig Pflaum: Luthers Persönlichkeit. Stuttgart: J. F. Steinkopf 1819
210 Martin Luther nach Ludwig Pflaum: wie Seite 208
211 Sören Kierkegaard: Der Begriff Angst, in: Gesammelte Werke 11/12. Übers. und hrsg. von Emanuel Hirsch. Gütersloh: Gütersloher Verlagshaus 1952
212 John Henry Newman, Predigt vom 5. April 1835: A Particular Providence as Revealed in the Gospel, in: Parochial and Plain Sermons, Vol. III, p. 125. London: Rivingtons 1881 [dt. C. Zink]
214 Miguel de Cervantes Saavedra: Segunda parte del ingenioso caballero don Quijote de la Mancha, capítulo LIII, IV. Madrid: Juan de la Cuesta 1615 [dt. C. Zink]
217 Martin Buber: Begegnung – Autobiographische Fragmente. Stuttgart: Kohlhammer Verlag 1960
220 Russisches Gebet in: Wladimir Lindenberg: wie Seite 155
224 Reinhold Schneider: Das Vaterunser. Freiburg i. Br.: Verlag Herder 1978
227 John Henry Newman: Meditations and Devotions. London: Longmans, Green, and Co. 1903 [dt. C. Zink]
232 Aurelius Augustinus: Bekenntnisse, 13. Buch, 27. Kapitel
233 Günter Lanczkowski (Hrsg.): Frühwelkende Blumen – aztekische Gesänge. Freiburg i. Br.: Verlag Herder 1983
234 f. frei nach den Textausgaben und Übersetzungen von Johann Maier (München 1960), Eduard Lohse (Darmstadt 1971) und Klaus Berger (Stuttgart 1994): 1QH VII, X; 1QS X